Wunder der Erde

Wissen der Welt

Ernst W. Bauer

Wunder der Erde

Mit über 230 farbigen Abbildungen

Österreichischer Bundesverlag · Wien
Verlag J. F. Schreiber · Esslingen
Union Verlag Stuttgart

An der International Library sind folgende Verlage beteiligt:

COLLINS PUBLISHERS, Glasgow
LIBRAIRIE ERNEST FLAMMARION, Paris
FRANKLIN WATTS, Inc., New York
ÖSTERREICHISCHER BUNDESVERLAG, Wien
RIZZOLI EDITORE, Mailand
J. F. SCHREIBER, Esslingen
UNION VERLAG STUTTGART

Internationales Berater-Komitee:

Prof. Fausto M. Bongioanni (Italien)
Prof. Dr. Klaus Doderer (Deutschland)
Prof. Mary V. Gaver (USA)
Margaret Meek (Großbritannien)
Jean-François Poupinel (Frankreich)
Prof. Hans Rödhammer (Österreich)
Dr. Hermann Schnell (Österreich)

Internationales Verlags-Komitee:

Jan Collins (Collins)
Ulrich Commerell (Union Verlag)
Gianni Ferrauto (Rizzoli)
Henri Flammarion (Flammarion)
Howard B. Graham (Franklin Watts)
Dr. Peter Lalics (Österreichischer Bundesverlag)
Vezio Melegari (Rizzoli)
Jeanne Durand (Flammarion)
Gerhard Schreiber (J. F. Schreiber)

Inhaltsverzeichnis

Erde – Reicher Planet

Ihren Flug zum Mond, haben Sie ihn schon gebucht? Offen gestanden, ich auch nicht! Nicht, weil ich nicht neugierig wäre oder keine Lust hätte, einen Spaziergang oder eine Geländefahrt über die Mondoberfläche zu unternehmen und dort ein paar Gesteinsbrocken einzusammeln. Nein, das ist es nicht! Ich habe auch nichts gegen Weltraumfahrt und gegen Mondforschung. Sicher ist es sogar möglich, eines Tages zahlungskräftige Erdenbürger zum Vergnügen zwischen Erde und Mond hin- und herzuschießen, nur, ich male mir die Langeweile eines Urlaubs in der gleichförmigen, luftlosen, wasserlosen, leblosen Wüste aus. Darüber könnte mich auch das schönste Mond-

hotel nicht hinwegtäuschen, ganz abgesehen davon, daß schon das Hotel und sein Innenleben nichts anderes wäre, als ein Stück verpflanzter Erde. Verglichen mit unserem Heimatplaneten ist der Mond ein Armenhaus. Auch die anderen Nachbarn im Weltall schneiden nicht gut ab, wenn man sie an der Erde mißt.

Von der Venusoberfläche sehen wir nur den weißen Wolkenmantel, der den Abendstern verhüllt. Wenn wir die Messungen der Weltraumsonden richtig deuten, gibt es Gebirge und Tiefländer auf der Venus. Kein Sonnenstrahl dringt allerdings durch die dichte Atmosphäre bis zur Oberfläche. Trotzdem herrschen dort Temperaturen zwischen 200 und 400 Grad.

Bild links: Grün ist eine der beherrschenden Farben unseres Planeten. Bis auf die Wüsten, die höchsten Gipfel, Gletscher, Eisfelder und Polargebiete wurde er von den Pflanzen erobert.

Blau und weiß erscheint die Erde dem Astronauten; Luft und Wasserdampf bedingen diese Farben.

Nur grau und braun sind die Farben der lebensfeindlichen Kraterlandschaft des Mondes.

Wasser und Wind, Hitze und Eiseskälte brechen Stein um Stein selbst aus dem harten Dolomit, der die Drei Zinnen aufbaut. Mächtige Schutthalden umhüllen und schützen den Sockel der Felstürme.

Allein der Feuerschein tobender Vulkane und die flammenden Blitze rasender Gewitterstürme mögen die dampfende Finsternis erhellen.

Auf dem rötlichen Mars haben die Weltraumspäher zwar eine dünne Gashülle und Spuren von Wasser und Sauerstoff nachgewiesen, weißlicher Kohlensäurereif bedeckt die Pole. Vulkankrater, Berge und Täler zeigen die neuesten Funkbilder; aber richtige Bäche und Flüsse, Seen und Meere sucht man vergeblich. Nirgends weit und breit im Universum, auch nicht auf dem Mars, entdeckte man bisher pflanzliches und tierisches Leben. Doch selbst wenn es keine Lebewesen auf der Erde gäbe, würde sie ihre Nachbarn im Weltraum durch die Fülle ihrer Oberflächenformen weit übertreffen.

Nur aus sehr großer Höhe ist die Erde ein blauer Planet; je tiefer die Satellitenkameras in die Atmosphäre eintauchen, um so vielfarbiger werden die Bilder, um so runzeliger erscheint die Landoberfläche.

Ist etwas anderes überhaupt denkbar? Und ob! Immerhin bearbeiten Wasser und Wind, Hitze und Kälte die Erdoberfläche seit viereinhalb Mil-

Im warmen Korallenmeer lagert sich heute Kalk ab, der in ferner Zukunft Gebirge bilden kann.

liarden Jahren wie gewaltige Planiermaschinen. Unentwegt sind sie dabei, alle Unebenheiten auszugleichen. Da wäre es doch durchaus denkbar, daß die Erdoberfläche völlig glattpoliert wäre, ja daß ein einziger, weltumspannender Ozean die ganze Erde umhüllte.

Daß dies nicht so ist, läßt darauf schließen, daß neben den Kräften der Abtragung auch aufbauende Kräfte am Werk sind. Sie sorgten dafür, daß im Laufe der langen Erdgeschichte immer wieder neue Berge entstanden und neue Gebirge wuchsen. Sie sind allerdings auch dafür verantwortlich, daß tiefe Risse und Gräben die Erdoberfläche durchziehen.

Der höchste Berg der Erde, der Mount Everest im Himalaja, steigt 8880 Meter auf. Die Witjastiefe im Marianengraben erreicht 11 022 Meter unter dem Meeresspiegel, das entspricht einem Höhenunterschied von beinahe 20 Kilometern. Gemessen am Durchmesser der Erde, der durchschnittlich 12 734 Kilometer beträgt, ist das nicht viel, ein Kratzer auf dem Hausglobus. Trotzdem, für uns Menschen, die wir auf der Erdoberfläche leben, sind die Runzeln und Kratzer himmelhohe Gebirge und bodenlose Abgründe. Am Hausglobus läßt sich offenbar unser Verhältnis zur Natur

gar nicht darstellen. Es ist auch sinnlos, die Dauer eines Menschenlebens vor der Milliarden-Unendlichkeit der Erdgeschichte zum Augenblick zusammenschrumpfen zu lassen. Ein Augenblick wäre zu kurz, um das Wirken der Kräfte rings um uns zu registrieren, ein Menschenleben aber reicht aus, um solche Veränderungen zu erfassen und Schlüsse daraus zu ziehen.

Da ist eine Quelle hoch in den Bergen, Regen und Schmelzwasser speisen sie, ihr Wasser enthält ein paar Milligramm Kalk pro Liter und Spuren anderer Salze. Im Regenwasser war nichts von den gelösten Stoffen vorhanden. Erst auf dem Weg durch den Boden und das Gestein hat sie das rinnende Grundwasser aufgenommen. Nun trägt sie der Bach zu Tal. Spuren sind es nur, aber auf das Wasser aller Quellen und auf lange Zeit bezogen, werden ganze Gebirge auf diese Weise aufgelöst und ins Meer verfrachtet. Rund 3,5 Prozent Salze enthält heute das Meerwasser, das ist so viel, daß man mit diesem Salz die ganze Landoberfläche der Erde 120 Meter hoch bedecken könnte.

Doch nicht nur die lösende Arbeit des Wassers verändert das Gesicht der Erde, jeder Regentropfen, der ein Bodenkrümelchen losschlägt, wirkt mit, jeder Wasserlauf, der Schlamm, Sand und Geröll mit sich führt. Tonnenschwere Blöcke bricht der Wildbach während der Schneeschmelze los und schleppt sie mit sich fort. Im Wenden und Fallen zertrümmern die kollernden Blöcke den Untergrund bis sie schließlich selbst zerfallen. Zunächst sind diese »Nagezähne« des Wassers noch kantig. Auf dem Weg talab schlagen sie sich aber am Felsbett des Baches und aneinander alle Ecken und Kanten stumpf, runden sich ab, wer-

den kleiner und kleiner und erreichen am Ende das Meer nur noch als Sand oder Schlamm.

Im Unterlauf, wo das Gefälle der meisten Flüsse geringer wird und damit auch die Geschwindigkeit und die Schleppkraft des Wassers abnimmt, lagern die breit gewordenen Ströme ihre Fracht ab. Mit einem großen Delta schieben sich Rhein, Rhône, Po, Nil, Colorado, Ganges und viele andere Flüsse ins Meer vor.

Etwa 40 000 Kubikkilometer Wasser führen alle Flüsse der Erde zusammen jährlich dem Meer zu. 4 Milliarden Tonnen gelöste Stoffe bringen sie mit und 8 Milliarden Tonnen Schlamm. Wie lange kann es demnach nur dauern, bis alles feste Land über dem Meeresspiegel verschwunden ist? Vorsicht mit solchen Rechnungen! Wo bleibt der Beitrag der Gletscher, die das Meer direkt erreichen? Wo der Staub und der Sand, die der Wind ins Meer hinausträgt? Sie müßten in die Rechnung einbezogen werden, und erst recht die Arbeit des Meeres selbst, das an zahllosen Steilküsten der Welt mit rollender Brandung das Festland direkt angreift. Vom unterschiedlichen Klima, von der verschiedenen Widerstandsfähigkeit des angegriffenen Gesteins war überhaupt noch nicht die Rede, auch nicht

Wo die schützende Pflanzendecke durch Mensch und Tier zerstört wird, verstärkt sich die abtragende Kraft des Wassers. Boden-Erosion setzt ein.

Tonnenschwere Blöcke schleppt der Fluß über die Wasserfallkante. Sie zerbrechen, und ihre scharfen Kanten werden abgewetzt.

Selbst das ehemals von Eis bedeckte Südgrönland ist nicht gleichmäßig niedergeschliffen. Täler und Höhenrücken blieben erhalten. Jetzt werden sie erneut vom fließenden Wasser zerfurcht.

Im ständigen Kampf zwischen Aufbau und Abtragung entwickeln sich die Vulkangebirge wie der Teide auf Teneriffa (rechts).

Im Karstgebiet versickert das Wasser so rasch auf den Spalten und Klüften des Kalkgesteins, daß es kaum Zeit hat, die Oberfläche zu verändern.

davon, daß die Abtragung keineswegs gleichmäßig ansetzt, daß zwischen tiefen Tälern hohe Felszinnen stehen bleiben, daß im verkarsteten Kalkgestein das Wasser so rasch versickert, daß es kaum Zeit hat, die Landoberfläche gründlich zu bearbeiten, ganz im Gegensatz zu einer Landschaft, deren Untergrund aus einem nahezu wasserundurchlässigen Tonschiefer besteht.

Der größte Fehler der Rechnung liegt aber darin, daß man einfach so tut, als ob irgendwann einmal die Gebirge entstanden seien, und seither eben nur abgetragen würden.

Viele Gesteine, die heute die höchsten Gipfel der Berge bilden, sind einst im Meer entstanden. Das ist keine leere Behauptung, denn die Korallen, Schalenreste, Ausgüsse und Abdrücke von Muscheln, Schnecken und Tintenfischen, Haifischzähne, Fischskelette und Schuppen, die man in den Bergen findet, wurden bestimmt nicht dort oben in den Kalk hineingeschmuggelt. Sie wurden in den Kalkschlamm, der sich in einem warmen, flachen Meer ablagerte, eingebettet.

Am meisten wurde da abgelagert, wo sich der Meeresgrund langsam, aber stetig einsenkte: Ton, Kalk, Geröll. Unter dem lastenden Druck der übereinanderliegenden Schlamm- und Sandmassen verfestigte sich das Ma-

terial in der Tiefe mehr und mehr und wurde nach und nach zu Gestein. Ungeheure Kräfte sorgten später dafür, daß die Meeresablagerungen kilometerhoch emporgestemmt wurden. Nicht mit einem Donnerschlag natürlich, sondern fast unmerklich langsam.

Es hieße die Rechnung ohne den Wirt machen, wollte man die Betrachtung auf die abtragenden Kräfte beschränken, denn offenbar waren sie, bisher zumindest, ihren Gegenspielern, den Kräften des Erdinneren nicht gewachsen. Seit es eine feste Erdkruste gibt, entstehen entlang tiefgreifender Schwächelinien des Meeresbodens und der Festländer Vulkane. Große Berge, ja, ganze Gebirgsstöcke sind vulkanischen Ursprungs: der Ätna auf Sizilien, der Kilimandjaro in Ostafrika, die vom Meeresgrund aufragenden Hawaii-Vulkane und hundert andere.

Vulkanische Vorgänge sind aber nicht in der Lage, Meeresablagerungen ins Hochgebirge hinaufzuheben. Ja, es zeigt sich, daß die feuerspeienden Berge selbst erst unter dem Einfluß noch gewaltigerer Kräfte entstehen, die erdumspannende, langsame Hebungen und Senkungen der Erdkruste bewirken, tiefgreifende Grabensysteme aufreißen lassen und sogar die Kontinentaltafeln gegeneinander verschieben.

Vieles spricht dafür, daß vor 200 Millionen Jahren die heutigen Kontinente noch eine große, gemeinsame Festlandsmasse, die Geologen nennen sie Pangäa, bildeten. Dieser riesige Urkontinent zerbrach. Durch tiefgreifende Zerrungen bildeten sich Grabenbrüche. An diesen Bruchlinien, wie sie auch heute noch in Island, im Rhein- und Rhônegraben, im Roten Meer und in Ostafrika zu sehen sind, drifteten die Kontinentalschollen langsam auseinander, nur wenige Zentimeter im Jahr, aber Tausende von Kilometern im Laufe der langen Zeit, wie auf einem geheimnisvollen Förderband!

Offenbar gibt es in der Zone unterhalb der Erdkruste, im fast 3000 Kilometer dicken Erdmantel Strömungen, deren Geschwindigkeit ausreicht, die Kontinente zu bewegen. Unter den verhältnismäßig dünnen Ozeanböden steigt das zähflüssige Gestein langsam auf und fließt dann nach allen Seiten zu den Kontinenten hin ab. Dabei wird der strömende Erdmantel langsam kühler und sinkt unter den Festlandschollen in die Tiefe zurück. Diese Strömungen bleiben auf die großen Tafeln der Erdkruste nicht ohne Wirkung. Sie schrammen aneinander entlang, drücken gegeneinander, rammen sich regelrecht und unterlaufen sich unter Erschütterungen und Beben.

Die Großformen der Erdkruste lassen sich mit dieser Vorstellung ganz gut erklären. So weiß man seit einiger Zeit, daß der langgestreckte Mittelatlantische Rücken, ein gewaltiger, untermeerischer Gebirgszug, durch zahllose Vulkane gebildet wurde, deren Magma in großer Menge aus dem Erdmantel aufquoll. Die Entstehung solcher untermeerischer Gebirgsrücken, die man auch in den anderen Ozeanen entdeckt hat, kann man erklären, wenn man annimmt, daß der Meeresboden unter Zugspannung gerät, bis er reißt. Dann quillt Glutfluß aus der Tiefe nach und flickt den Riß. Doch immer wieder entstehen neue Zerrungsspalten, aber immer aufs Neue werden sie auch von aufquellender Lava ausgeheilt, so lange, bis die höchsten Spitzen der untermeerischen »Flickstellenvulkane« die Meeresoberfläche erreichen und schließlich ihre Gipfel als Inseln zu sehen sind.

Es gibt im übrigen sehr solide Beweise für die Richtigkeit dieser Vorstellung. Wenn sie nämlich stimmt, dann müßte sich ja der Atlantische Ozean langsam aber laufend verbreitern. Dann müßte die jüngste Lava ganz nahe am Spaltensystem liegen, je weiter davon entfernt die Lava von der derzeitigen Spalte vorkommt, um so älter müßte sie sein. Die Untersuchungen des amerikanischen Bohrschiffs »Glomar Challenger« haben diese Vermutung bestätigt. Englische Geologen haben auf Grund magnetischer Untersuchungen der Glutflußgesteine zu beiden Seiten des Zentralatlantischen Grabens sogar festgestellt, daß die Altersverteilung hüben und drüben spiegelbildlich gleich ist. Die Alte und die Neue Welt weichen auseinander, der Atlantik wird tatsächlich größer.

Aber nicht nur die Entstehung der mittelozeanischen Gebirge wird verständlich, wenn man davon ausgeht, daß die Erdkruste aus großen Tafeln besteht, sondern auch die Entstehung der Hochgebirge!

Der Himalaja entstand in der Stauchzone zwischen der großen asiatischen Festlandtafel und der auflaufenden indischen Tafel. Der indische Subkontinent drückt bis heute mit einer Geschwindigkeit von etwa 10 Zentimeter im Jahr auf die asiatische Tafel, schiebt sich sogar unter sie hinab und

Haben sich frühere Zeiten durch Muschelschalen und Haifischzähne in den Meeresablagerungen verewigt, werden wir es wohl mit Blech und Plastik schaffen.

Merkwürdig spiegelbildlich ist die Altersverteilung der Glutflußgesteine östlich und westlich des Mittelatlantischen Rückens. Je heller rot, umso älter sind die Gesteine.

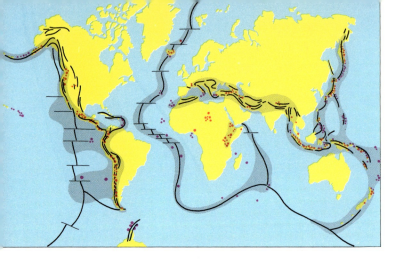

Amerika schiebt sich über die dünne Platte des Pazifischen Ozeanbodens. Man kann aber auch sagen, daß der Ozeanboden von der Strömung im oberen Erdmantel unter den ameri-

Die großen Falten-gebirgsgürtel der Erde, vor allem im Westen Amerikas und in der Mitte der alten Welt, sowie die Mittel-ozeanischen Rücken kennzeichnen die besonders aktiven Gebiete der Erdkruste. Dort bewegen sich die Kontinentaltafeln auseinander und gegen-einander, dort liegen die meisten aktiven Vulkane (rot) und die Zentren der Erdbeben-tätigkeit (grau).

Auf einer Zerrungs-spalte, die dem Mittel-atlantischen System angehört, entwickelte sich diese vulkanische Inselreihe vor der isländischen Südküste. Der Vulkan Helgafell auf Heimaey brach 1973 auf dieser Spalte aus.

Schnitt durch unsere Erde

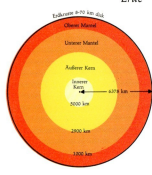

sorgt auf diese Weise dafür, daß das höchste Gebirge der Welt immer noch höher wird.

Im »Schraubstock« zwischen der europäischen Festlandtafel im Norden und der afrikanischen Tafel im Süden wird der Mittelmeerboden unter Europa hinabgestaucht. Hier entstanden die Alpen. Entlang dieser Schwächezone liegen die Mittelmeervulkane und berüchtigte Erdbebenzentren.

Amerikas Westen wird vom äußersten Norden in Alaska bis zum tiefsten Süden im Feuerland von langgestreckten Gebirgsketten durchzogen. Wie Bugwellen scheinen die Faltengebirge vor den westwärts driftenden Kontinenten zu liegen. Genauere Untersuchungen zeigten aber, daß diese Vorstellung zu einfach ist.

kanischen Kontinent hinabgedrückt wird. Falten bilden sich und Aussackungen der dicken kontinentalen Erdkruste in den strömenden Untergrund hinein. Etwa 100 Kilometer von der Westfront des Festlandblocks entfernt sind die Spannungen am stärksten. Dort liegt auch die Zone der verheerenden Tiefenbeben, die den Westrand Amerikas immer wieder erschüttern. Doch nicht nur an der amerikanischen Küste ist das so, rings um den Pazifischen Ozean taucht der Meeresboden unter die angrenzenden Festlandtafeln ab. Deshalb die Häufigkeit der schweren Erdbeben und der Feuerkreis der gefährlichen Vulkane um den Pazifik.

Der große Pazifische Ozean wird kleiner, der Atlantik verbreitet sich, Gebirge bilden sich, Vulkane brechen auf und Erdbeben entladen sich mit zerstörender Wucht. Ein Bergsturz im Hochgebirge, Hochwasser nach der

*Auch die Mittelmeer-
vulkane, wie der Ätna,
liegen auf tiefgreifen-
den Bruchstrukturen,
die durch die Erdkruste
hindurch bis in den
Erdmantel hinabreichen.
Aus 30 bis 50 km Tiefe
steigt der Glutfluß
des Vulkans auf.*

Schneeschmelze, Sturmflut an der See. Das eine und das andere erleben wir, doch nur, wo die Geschwindigkeit der Entwicklung katastrophale Ausmaße annimmt, ist sie der Dauer eines Menschenlebens angemessen. Wo aber Jahrtausende und Jahrmillionen nötig sind, um einen Schritt zu tun, sind wir darauf angewiesen, aus den Zeugnissen, die uns die Gegenwart liefert, auf Vergangenheit und Zu-

kunft zu schließen, wie Kriminalisten, die mit Indizien arbeiten im großen Fahndungsspiel, das »Entwicklung der Erde« heißt. Aus der unübersehbaren Zahl der Gestalten dieses Spiels seien in diesem Buch einige weltberühmte Stars vorgestellt.

*An der Westküste
Südamerikas taucht der
etwa 5 km dicke,
basaltische Ozean-
boden unter den
6—10mal so dicken
Festlandsblock hinab.
Stauchung und Hebung,
Erdbeben und Vul-
kanismus sind die
Folgen.*

Surtsey – Land aus Feuer und Wasser

Ein Stück mittelatlantisches Gebirge über dem Wasserspiegel, das ist Island! Langsam, Zug um Zug, ist diese Insel vom Meeresgrund aufgewachsen: vulkanischer Schorf an einer Wunde der Erdkruste, die sich auch heute noch nicht endgültig geschlossen hat.

Quer durch die Insel, von Nordosten nach Südwesten zieht sich ein System von Bruch- und Zerrungslinien: der isländische Vulkangürtel. Fortlaufende Messungen in den letzten Jahren haben ergeben, daß sich die Ränder dieser Bruchspalten auch in unseren Tagen noch weiter auseinanderbewegen. 13 Millionen Jahre alt ist Island, das ist eine lange Zeit. Gemessen an der Dauer der Erdgeschichte aber, die sich über 5 Milliarden Jahre erstreckt, ist die Insel jung.

In den letzten 15 000 Jahren, nach dem Ende der Eiszeit, waren im Vulkangürtel auf etwa 35 000 Quadratkilometer Fläche ungefähr 200 Vulkane tätig. Allein in den letzten 1000 Jahren, seit der Besiedelung der Insel durch die Wikinger, brachen 40 Vulkane zusammen über 150 mal aus. Keine Generation blieb von den vulkanischen Ereignissen verschont. Aus den sehr tiefen, bis in den Erdmantel hinabreichenden Spaltensystemen konnte der Glutfluß immer wieder in riesigen Mengen bis an die Erdoberfläche aufsteigen. Fast 20 Kubikkilometer waren es seit dem Jahr 1500. Das ist ungefähr ein Drittel der Lavamenge, die während dieser Zeit auf der Landoberfläche der ganzen Erde zutage trat. Vieles spricht dafür, daß noch viel größere Lavamassen im Bereich der erdumspannenden, untermeerischen Gebirge austreten.

Es ist kein Wunder, daß sich die vulkanischen Ereignisse im isländischen Bereich nicht auf das Festland allein beschränken, sondern seit Menschengedenken mehrfach im Norden und im Süden auf den Meeresboden ausgegriffen haben.

Es kommt zwar nicht alle Tage vor, daß das Meer vor Islands Südküste im Abstand von wenigen Metern seine Temperatur von 7 auf 9,4 Grad Celsius ändert, es ist aber auch nicht so außergewöhnlich, daß man davon

Bild links: Der Vulkan von Surtsey hat die Meeresoberfläche durchbrochen. Dampf und Aschenwolken steigen bis 6 000 m hoch auf. Im Hintergrund die isländische Südküste.

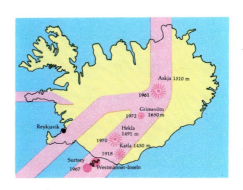

Auf dem Mittelatlantischen Rücken ist Island entstanden. In diesem Jahrhundert waren Katla (zuletzt 1918), Askia (zuletzt 1961), Hekla (zuletzt 1970), Surtsey (zuletzt 1967), Helgafell (zuletzt 1973) und der unter dem Gletscher des Vatna Jökull verborgene Grimsvötn (zuletzt 1972) tätig.

viel Aufhebens macht. Die Wissenschaftler auf dem Forschungsschiff »Thorsteinn Thorskabitur« registrierten Anfang November 1963 einen Temperatursprung von 2,4 Grad eben in diesem Meer. Sie stellten auch fest, daß mehr Kieselsäure im Wasser gelöst war als sonst, aber auch das ist an dieser Küste nicht ganz ungewöhnlich.

Die schwachen Erdstöße, welche die Erdbebenstation in Reykjavik registrierte, erschienen ebenfalls nicht besonders bemerkenswert, dabei kündigten sie aller Wahrscheinlichkeit nach den Beginn einer ausgedehnten Vulkantätigkeit auf dem Meeresgrund an.

Die Leute auf den Westmännerinseln wunderten sich zwar darüber, daß der Schwefelgeruch, der sonst von Zeit zu Zeit vom Land herüberwehte, diesmal vom Meer her kam, aber so aufregend, daß man daraus auf ein besonderes Ereignis geschlossen hätte, fanden sie ihn auch wieder nicht.

Dabei wiesen alle diese Anzeichen auf ein Naturschauspiel ohnegleichen hin: die Geburt einer Insel!

Einen Augenblick nur hatten die Männer des Fischerbootes »Isleifur II« die Rauchwolke an der Kimm in der Morgendämmerung des 14. November 1963 für ein brennendes Schiff gehalten. Der Schwefelgeruch in der Luft, die Erschütterungen und die Stöße, die das Boot trafen, vor allem aber die dicke, schwarze Wolke, die immer höher aufquoll, waren für die vulkangewohnten Männer eindeutige Zeichen dafür, daß vor Islands Küste wieder einmal der Kampf zwischen Feuer und Wasser begonnen hatte.

Nach einer Stunde schon erreichte die quellende Wolke aus Dampf und vulkanischer Asche eine Höhe von 60 Meter. Es blitzte in der Wolke, Steine flogen wie Geschosse hoch, und das Wasser erwärmte sich im Umkreis des Eruptionsherds. Auf einer mindestens 500 Meter langen Spalte, die von Nordost nach Südwest verlief, verstärkte sich die vulkanische Tätigkeit laufend. Am Nachmittag war die riesige Wolke schon vom 110 Kilometer entfernten Reykjavik aus zu sehen; 6000 Meter hoch stand sie über dem Ausbruchsgebiet. Später erreichte sie sogar eine Höhe von 9000 Meter.

Immer deutlicher zeichneten sich die Konturen eines feuerspeienden Berges ab, der aus dem Meer zu wachsen begann. Nach einem Tag war er 10 Meter hoch, einen Tag später bereits 40 Meter. Am 19. November erreichte der Berg bei einer Länge von 600 Meter eine Höhe von 60 Meter.

Solange das Meer den Wall aus vulkanischer Schlacke und Asche, der sich über dem Meeresspiegel zu bilden begann, noch überspülte, und in den Krater eindringen konnte, kam es etwa alle 10 Sekunden zu einer heftigen Dampfexplosion! Jedes Mal schoß eine tiefschwarze, mit Asche und Lavafetzen beladene Wolke aus dem Krater, vulkanische Bomben wurden bis 1000 Meter hoch katapultiert, Blitze zuckten durch die aufquellenden Wolkentürme, rollender Donner mischte sich mit dem Rumpeln und Krachen des Vulkans, mit dem Tosen der See und den klatschenden Einschlägen der herabfallenden vulkanischen Geschosse!

Unberührt vom dramatischen Geschehen in den unteren Regionen stand über allem ein hoher Wolkendom, blendend weiß am hellen Tag, rot durchglüht im Widerschein des Kraters bei Nacht.

Erst Anfang April 1964 änderte sich die Lage. Im Krater des lockeren Aschenkegels bildete sich ein glühender Lavasee von etwa 120 Meter Durchmesser. Schließlich schwappte der Glutfluß über und floß als feuriger Bach dem Meer zu. Am Ufer teilte er sich in mehrere Äste, die sich mit Getöse ins Meer ergossen und knatternd und zischend weiße Dampffahnen aufsteigen ließen.

Die über 1000 Grad heiße Lava erkaltete an den Kontaktstellen mit dem Meerwasser und erstarrte rasch. Die neu entstandenen Lavafelsen verlegten schließlich dem nachdrängenden Feuerstrom den Weg und lenkten ihn ab. So entstand nach und nach ein regelrechter Strandwall, der die lockere Asche im Inneren der Insel vor dem Anprall des Meeres schützte. Durch den Panzer, mit dem die Lava einen Teil der Insel bedeckte, war ihr Bestand zunächst einmal gesichert. Als Ende April der Glutfluß verebbte, betrug die Größe Surtseys 1,4 Quadratkilometer. Ein Drittel davon war von Lava überzogen.

Isländische Geologen, unter ihnen besonders Professor Sigurdur Thorarinsson, haben die Entwicklung von

Surtsey von der ersten Stunde an verfolgt und beschrieben. Am 19. Februar landeten sie zum erstenmal mit zwei Gummibooten am Nordstrand der Insel, um Proben zu sammeln. Zunächst schien das Unternehmen glatt zu laufen, doch schon wenige Minuten nach der Landung begann der unberechenbare Vulkan zu toben. Er schoß mit Lavabomben um sich und stieß braune Bimssteinwolken aus, die den Männern jede Sicht raubten. Zum Glück behielten sie klaren Kopf und konzentrierten sich ganz darauf, den glühenden Wurfgeschossen auszuweichen. Sie über-

Lavasee im Krater von Surtsey (oben). Wo die Lava das Meer erreicht, quellen dicke Dampfwolken auf (unten).

November 1963

Oktober 1963

standen das Trommelfeuer und konnten in einer ruhigen Phase mit ihren Booten zum Forschungsschiff zurückkehren.

Wie ein riesiges Leuchtfeuer lag Surtsey in jenen Tagen vor der Südküste Islands. In 300 Kilometer Entfernung war der kochende, glühende Lavasee während seiner stärksten Tätigkeit vom Flugzeug aus noch zu sehen. Kein Wunder, daß Wissenschaftler und Touristen aus aller Welt nach Island kamen, und, nachdem der neugeborene Vulkan seine explosive Tätigkeit eingestellt hatte, in hellen Scharen die Insel besuchten. Kreuzfahrschiffe ankerten im Lee des Vulkans, Sportflugzeuge und Hubschrauber steuerten Surtsey an. Ab Januar 1965 beförderte der isländische Pilot Björn Palsson mit einer zweimotorigen »Twinset Pioneer« ziemlich regelmäßig Passagiere zur Insel.

Nicht immer allerdings verliefen die Surtseybesuche ohne Pannen: Ein junger Engländer, der im Juli 1964 ein Wochenende auf der Insel verbringen wollte, mußte, weil die See zu rauh war, 8 Tage dort bleiben, bis man ihn bergen konnte. Den schlimmsten Befürchtungen zum Trotz war er aber munter und vergnügt. Freudestrahlend berichtete er über das einmalige Badevergnügen in der 38 Grad warmen Oberflächenschicht des Atlantik. Trinkwasser hatte er sich mit der Zeltplane aufgefangen. Nur der Hunger plagte ihn.

Argwöhnischer als die Touristen, die nur wenige Tage in der Nähe der Feuerinsel blieben, beobachteten die Bewohner der nahegelegenen Westmännerinseln die vulkanischen Ereignisse vor ihrer Haustür. Drehte der Wind auf Südwest, dann erreichte der vulkanische Staub vom nur 17 Kilometer entfernten Surtsey die Hauptinsel Heimaey. Für die Inselbevölkerung stand viel auf dem Spiel, wenn sich der tödliche Schleier über Wiesen und Dächer zu senken begann. Bald fraßen die Weidetiere nur noch widerwillig. Das Wasser in den Zisternen begann zu verderben. Zum Glück blieb Heimaey von schweren Aschenfällen verschont. Aber die Erinnerung an vulkanische Katastrophen ist in Island durchaus lebendig. 1783 war auf einer 25 Kilometer langen Spalte der Laki ausgebrochen. Ganz Island wurde vom Aschenregen heimgesucht. Die Weiden wurden vernichtet. Die meisten Rinder und Schafe kamen um. Über 10 000 Menschen — ein Drittel der damaligen Bevölkerung — fielen der darauffolgenden Hungersnot und den Seuchen zum Opfer.

Die Sorge der Leute von Heimaey bekam neue Nahrung, als man am 23. Mai 1965 erneut eine Dampfwolke in der Nähe von Surtsey aufsteigen sah. Unter heftigen Explosionen tauchte abermals ein Vulkan aus dem Meer: Syrtlingur! Wieder stand eine Eruptionswolke aus Asche und Dampf über der jungen Insel. Schwimmender Bims — das ist ein besonders leichtes, schaumiges, vulkanisches Gestein — bedeckte das Meer ringsum.

Die Geschichte Surtseys schien sich zu wiederholen. 70 Meter hoch erhob sich der hufeisenförmige Kraterberg von Syrtlingur mit einem Durchmesser von 650 Meter. Dennoch vermochte er den Herbststürmen nicht standzuhalten. Ein stürmischer Monat genügte, um die neugeborene Insel Syrtlingur — mehr als eine Million Kubikmeter vulkanisches Lockermaterial — wegzufegen. Solange das Meerwasser in den glühenden Krater eindringen kann, zerstäuben laufende Dampfexplosionen den Glutfluß. Erst wenn der Wall hoch und dicht genug

April 1964

Aus einer Bruchspalte am Meeresgrund quillt Glutfluß und erstarrt als Kissenlava (links unten). Sobald der untermeerische Vulkan so hoch geworden ist, daß er den Meeresspiegel erreicht, kommt es zu heftigen Explosionen, wenn das Meer in den Krater schwappt (links oben). Erst wenn größere Lavamengen die vulkanische Asche abdecken, hat die Insel Bestand (oben).

ist und ausfließende Lava kompaktes Gestein zu bilden vermag, hat die Insel eine Chance, der Brandung längere Zeit zu trotzen.

Ein weiteres Beispiel für die Entwicklung eines ungeschützten Vulkans lieferte die zweite Tochterinsel, Svartey oder Juley, die Weihnachtsinsel, die im Dezember 1965 auftauchte. Obwohl sie neben der Asche auch etwas Lava gefördert hatte, hielt sie sich nur ein halbes Jahr.

Selbst an Surtsey sind die Jahre nicht spurlos vorbeigegangen. Regen und Wind haben die Aschenberge angeknabbert. Tiefe Rinnen zerfurchen die Hänge. Im Westen frißt sich die Brandung mit jeder Welle tiefer in den lockeren Kern hinein. Schon jetzt hat sich eine hohe Steilküste gebildet. Wie lange Surtsey dem Nordmeer

An den verheerenden Ausbruch der Laki-Spalte erinnert eine Briefmarke, auf der die lange Kraterreihe deutlich zu sehen ist.

*Surtsey mit der neu
entstandenen Insel
Syrtlingur am
5. Juli 1965*

standzuhalten vermag, ist schwer zu sagen. Wenn jedoch kein vulkanischer Nachschub mehr kommt, ist es nur eine Frage der Zeit, bis auch sie verschwunden ist.

Für die isländischen Naturwissenschaftler und ihre Gäste aus aller Welt bietet die Entwicklung von Surtsey eine einmalige Forschungsgelegenheit. Niemals vorher wurde das Werden und Vergehen einer Vulkaninsel so exakt vom ersten Augenblick an verfolgt und dokumentiert. Im Mai 1964 begann Sturla Fridriksson mit der biologischen Überwachung der zunächst völlig leblosen Insel.

Zunächst kamen Vögel, die den neuen Rastplatz bald entdeckt hatten. Auch Fliegen und Schmetterlinge stellten sich bald ein. Samen und Küsten-

pflanzen wurden angetrieben. Im Juni 1965 keimte auf Surtsey das erste Pflänzchen: ein Meersenf. Lange hielt es sich allerdings nicht. Erst seit kurzem behaupten sich einige Dutzend inzwischen gezählter und genau markierter Einzelstücke von Meersenf, Strandmiere und Strandgerste an besonders geschützten Plätzen. Reichhaltiger ist die Pflanzenwelt im mikroskopischen Bereich. In der Umgebung der heißen Dampfaustritte entwickeln sich Bakterien, Algen, Pilze, und mit ihnen zusammen auch tierische Einzeller. Flechten und Moose beginnen, Fuß zu fassen. Sie sind die Pionierpflanzen, die den Boden für nachfolgendes Leben vorbereiten. Schon im Sommer 1965 erklärte die isländische Regierung Surtsey zum

Schutzgebiet. Diese Entscheidung ist bewundernswert, wenn man bedenkt, daß Island damit, obwohl es nicht mit irdischen Gütern gesegnet ist, zugunsten der Wissenschaft auf eine zugkräftige Fremdenverkehrsattraktion verzichtet. Nur eine kleine Hütte steht auf der Insel. Sie dient im Sommer als Stützpunkt für die Wissenschaftler. Gelegentlich umrundet noch ein Touristenschiff die bemerkenswerte Insel, kreist ein Sportflugzeug über den erloschenen Kratern. Surtsey selbst aber bleibt unberührt.

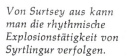

Von Surtsey aus kann man die rhythmische Explosionstätigkeit von Syrtlingur verfolgen.

Ein hufeisenförmiger Schlackenwall umgibt den Krater von Syrtlingur am 26. Mai 1965 (links oben).

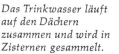

Das Trinkwasser läuft auf den Dächern zusammen und wird in Zisternen gesammelt.

Am 23. 1. 1973, 2 Uhr morgens, brach auf Heimaey, der größten der Westmännerinseln eine 1,5 km lange Vulkanspalte auf. Neben dem seit 5000 Jahren erloschenen Helgafell bildete sich ein neuer Feuerberg. Häuser erstickten in heißer Vulkanasche. (Links: Juni 1972, rechts: Februar 1973)

Mauna Loa und Kilauea — Feuerberge im Pazifik

Wo liegen die höchsten Berge der Welt? Im Himalaja natürlich! 8880 Meter erreicht die höchste Spitze des Mount Everest. Die größten Erhebungen der Erdkruste allerdings liegen mitten im Stillen Ozean. Sie bilden die Insel Hawaii. Aus über 5000 Meter Meerestiefe steigen ihre Berge mehr als 4000 Meter über den Meeresspiegel auf und erreichen damit eine Gesamthöhe von nahezu 10 000 Meter.

Der Mauna Kea, das heißt in der Sprache der polynesischen Ureinwohner »Weißer Berg« — er trägt im Winter eine Schneehaube —, ist mit 4217 Meter der höchste unter den Hawaiibergen. Der größte Einzelberg der Welt aber ist der 4168 Meter hohe Mauna Loa. Auch in der Sprache der Polynesier heißt Mauna Loa »Großer Berg«! Seine Größe sieht man ihm allerdings nicht auf den ersten Blick an, denn der Gipfel des Mauna Loa ist keine himmelstürmende Felspyramide, sondern eine ganz flache Kuppe, die sich nach allen Seiten sanft absenkt. Der Hangwinkel beträgt nicht mehr als 4 bis 6 Grad. Aber gerade daraus erklärt sich die gewaltige Größe dieses Berges. An der Basis hat er einen Durchmesser von annähernd 400 Kilometer. Könnte man ihn aus dem Meer herausheben und nach Europa tragen, so würde er die Schweiz überdecken und wäre doppelt so hoch wie die höchsten Alpengipfel. Schildvulkane nennt der Geologe diese flachen und ungeheuer breiten Feuerberge, die aus unzähligen Strömen dünnflüssiger Lava aufgebaut wurden. Die Lava, die nötig war, um den Mauna Loa aufzubauen, würde übrigens ausreichen, um Deutschland mit einer 150 Meter dikken Schicht zu überziehen.

Eine lange Reihe von Lavavulkanen bildet die Inselgruppe der Sandwich-Inseln, zu denen auch Hawaii gehört. Auf einem etwa 3000 Kilometer langen System von Zerrungsspalten sind sie am Tiefseeboden des Nordpazifi-

Bild links: Die feurige Lavafontäne des Mauna Ulu, eines neuen Kraters am Rande des Kilauea im Dezember 1969

In der Mitte des Pazifik liegen die Sandwich-Inseln mit Hawaii.

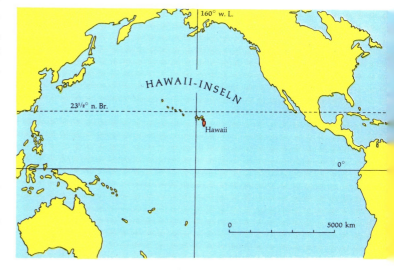

4168 m hoch ist der unglaublich flache Mauna Loa, der größte Berg der Welt.

Gelber Ingwer blüht in Hawaii am Wegesrand.

schen Beckens entstanden. Vor 25 Millionen Jahren entwickelten sich die ersten Vulkaninseln im äußersten Nordwesten der Kette. Mit einer Geschwindigkeit von durchschnittlich 12 Zentimeter pro Jahr wanderte das vulkanische Aktivitätszentrum immer weiter nach Südosten, oder, wenn man davon ausgeht, daß sich der Meeresboden nach Nordwesten verschiebt, wanderte dieser entsprechend schnell über eine Aufschmelzone hinweg. Insel um Insel entstand. Die ältesten und die kleinsten der Vulkane sind längst von der Brandung zerstört. Nur noch mit dem Lot kann man sie als untermeerische Bergstümpfe orten. Übrig sind die jungen, großen Berge.

Am weitesten im Südosten liegt die größte und jüngste Insel: Hawaii selbst. 5 große Vulkane haben sie innerhalb der letzten Million Jahre gebildet. Der Berg Kohala im Nordosten Hawaiis ist auf der Insel selbst wiederum der älteste. Seine Hänge sind vom Regen zerfurcht, tiefe Schluchten führen hinab bis zur Steilküste. Der Kohala und der Mauna Kea waren seit Menschengedenken nicht mehr tätig. Ob sie jedoch end-

gültig zur Ruhe gekommen sind, läßt sich schwer sagen. Auch den im Westen der Insel liegenden Hualalai hatte man für erloschen gehalten, bis er im Jahr 1801 völlig überraschend wieder ausbrach.

Der Mauna Loa und der Kilauea, die beiden südöstlichen Berge also, sind tätige Vulkane. Ihre Hänge sind glatt und ausgeglichen. Zwar reißt auch hier jeder Regenguß neue Rinnen, lange bleiben solche Rinnen aber nicht bestehen, denn die dünnflüssige Lava der zahlreichen Ausbrüche folgt den Regenrissen und kleistert sie aus. Wenn viel Magma gefördert wird, erreichen sogar die Lavaströme aus der Gipfelregion des Mauna Loa, nach einem Weg von über 50 Kilometer, das Meer. Eine riesige Dampfsäule steht dann über der Küste. Durch die plötzliche Abkühlung der etwa 1200 ° C heißen Lava im Wasser kommt es zu gewaltigen Spannungen in der erstarrenden Lava und zu heftigen Dampfexplosionen. Durchschnittlich alle dreieinhalb Jahre spuckte früher der Mauna Loa. Seit 1950 ist er merkwürdig still geworden. Nur aus den Rändern des 5 auf 6 Kilometer großen Einbruchskraters in seinem Gipfelplateau steigt etwas Dampf auf.

Der Kilauea, das heißt soviel wie »Höhe der Dämpfe«, lehnt sich an den südöstlichen Fuß des Mauna Loa an und ist äußerlich nur schwer von ihm zu trennen. Der Kilauea besitzt aber ein eigenes vulkanisches System. Sein Gipfelplateau, das auch zum Mauna Loa hin etwas abfällt, erreicht 1200 Meter Meereshöhe. In seinem Zentrum liegt ein System ineinander-geschachtelter Einbruchskrater mit steilen Rändern.

Im Nordwesten, auf dem höchsten Punkt über dem Kraterrand, steht das Vulkan-Observatorium. Von dort aus überblickt man den Kilauea-Krater und einen zentralen, fast kreisrunden Einbruchskessel, den Halemaumau. In der Sprache der Polynesier heißt Halemaumau soviel wie »Haus der Farne«. Für die alten Hawaiianer war das ganze Gebiet ein heiliger Bezirk, der Wohnsitz der Vulkangöttin Pele. Der Durchmesser des Halemaumau-Kraters beträgt etwa 1000 Meter. Zur Zeit ist er ungefähr 140 Meter tief. Aus einer Reihe von Spalten im Kratergrund steigt Dampf auf. Jahrzehntelang brauste und brodelte ein wabernder Feuersee manchmal nur 30 Meter unter dem Kraterrand. Anfang 1924 fiel sein Spiegel überraschend schnell 200 Meter tief ab. Mitte Mai 1924 erschüt-

Hawaii von oben gesehen. Die Vulkane im Norden, Kohala und Mauna Kea, sind wohl erloschen.

terten gewaltige Dampfexplosionen den Halemaumau. Offenbar war Grundwasser bis zum Magmaschlot vorgedrungen. Danach ereigneten sich kleinere Ausbrüche im Kessel selbst. Der Feuersee aber blieb die meiste Zeit verschwunden.

Ruhiger geworden ist der Kilauea deshalb aber keineswegs. Fast kein Jahr vergeht, in dem nicht irgendwo auf seinem Gipfel-Plateau oder an seinen Flanken neue Krater aufbrechen. Durchschnittlich 50 Millionen Kubikmeter Lava liefern sie jedes Jahr. Das entspräche etwa einem 1 Meter dicken und 1 Meter breiten Lavagürtel rund um die Erde.

Kommen diese ungeheueren Lavamengen aus der Erdkruste? Das ist nicht gut möglich, dazu ist die Kruste viel zu dünn; unter dem Pazifik wird sie höchstens 5 Kilometer dick.

Von den drei großen Inseln der Gruppe ist Oahu im Nordosten die älteste. Ihre Vulkane sind zur Ruhe gekommen. Sie senkt sich auch nicht mehr in den Untergrund ab. Die jüngere Insel Maui, mit dem Vulkan Haleakala, ist noch nicht ganz zur Ruhe gekommen. Sie sinkt 1,7 mm im Jahr. Hawaii mit seinen überaus aktiven Vulkanen sinkt jährlich 4,8 mm ab.

Oahu   Maui   Hawaii

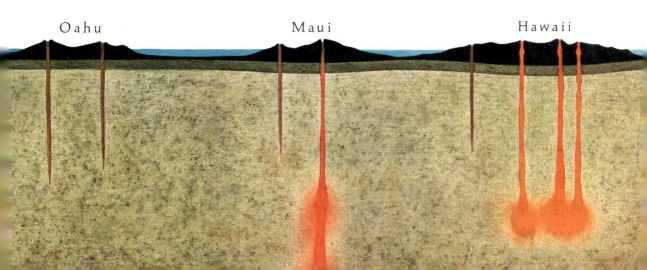

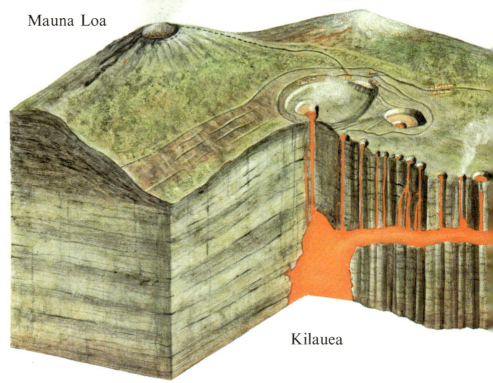

Mauna Loa

Mauna Kea

Kilauea

Ein vereinfachtes Blockbild zeigt die Verhältnisse im Vulkan Kilauea. Aus einer Tiefe von 50—60 km steigt das Magma bis in die Magmakammer auf, die 2—3 km unter der Erdoberfläche liegt. Entlang der vorhandenen Spaltensysteme entwickeln sich die Schlote. Ein Seitenkanal fördert Lava zu Ausbruchstellen, die mehr als 20 km entfernt auf den großen Spalten der Ostküste liegen. Mitten im Bild der Kilauea-Krater mit dem Halemaumau-Kessel. Rechts davon der Kilauea Iki.

Auch die sehr hohe Austrittstemperatur von immerhin 1200 Grad Celsius weist auf ein tief gelegenes Liefergebiet unterhalb der Erdkruste, also auf den oberen Erdmantel hin. Auch die Ergebnisse der Erdbebenmessung sprechen dafür. Einige der Ausbrüche werden nämlich durch Beben eingeleitet, die aus etwa 50 bis 60 Kilometer Tiefe kommen. Die Erschütterungen kündigen wahrscheinlich den beginnenden Aufstieg eines Magmaschubs an.

Der geringe Kieselsäureanteil der Hawaiilava weist nicht nur auf ihre Herkunft hin, er ist auch für ihr Verhalten an der Erdoberfläche von großer Bedeutung. Kieselsäurereiche Lava ist nämlich zäh. Je geringer der Kieselsäureanteil ist, um so dünnflüssiger wird sie. Wenn sie dann noch so heiß ist wie auf Hawaii, verhält sie sich fast wie Wasser, bildet feurige Seen mit Wellengang und Brandung, überflutet die Ebenen und schießt als alles vernichtender, feuriger Sturzbach mit

Geschwindigkeiten bis zu 40 Stundenkilometer zu Tal!

Jeder Lavastrom läßt die Insel ein wenig wachsen und macht sie ein wenig schwerer. Damit erhöht sich auch ihr Druck auf den Untergrund! Genaue Messungen haben ergeben, daß die Erdkruste unter den Inseln tatsächlich eingedellt ist, ja daß sich Hawaii in unserer Zeit Jahr für Jahr durchschnittlich 4,8 Millimeter senkt. Solange der Untergrund noch plastisch ist, wird das so weitergehen. Die Insel selbst wird durch ihr Gewicht zusätzlich »auf die Tube drükken«, bis sich die Aufschmelzungszone in der Tiefe noch weiter nach Südosten verlagert. Dann wird sich Hawaii genau so stabilisieren, wie dies bei den nordwestlichen Inseln heute schon der Fall ist.

Der amerikanische Vulkanologe Th. A. Jaggar errichtete 1912 das inzwischen weltberühmte Observatorium am Rand des Kilauea-Kraters. Seither werden die Hawaiivulkane ununter-

HAWAII·NATURAL·HISTORY·ASSOCIATION

brochen beobachtet. Nicht nur der Verlauf und die Dauer der einzelnen Ausbrüche werden durch die Vulkanologen registriert, sondern auch die Veränderungen der Vulkane zwischen den Eruptionen, denn je mehr man über die Feuerberge weiß, um so besser kann man sie beurteilen, um so sicherer kann man auch aus jeder Regung des vulkanischen Untergrunds auf sein zukünftiges Verhalten schließen.

Die Beobachtung des inzwischen berühmten Ausbruchs des Kilauea Iki, eines kleinen Nebenkraters des Kilauea, ist ein Musterbeispiel für die Arbeit der Vulkanologen des American Geological Survey: Im August 1959 registrierten die Erdbebenmeßgeräte im Observatorium Erschütte-

Verbrannte Bäume am Rand des Kilauea Iki. Im Hintergrund der Schlackenkegel, den die Lavafontäne aufschüttete (links unten).

Die riesige Lavafontäne des Kilauea Iki-Ausbruchs von 1959

Lavatropfen vom Mauna Ulu

Ausbrechende Gase reißen die dünnflüssige Lava aus dem Krater.

rungen, deren Herd 60 Kilometer unter dem Kilauea-Krater lag. Das Gestein in dieser Tiefe hatte sich offenbar so stark erhitzt, daß es nun, leichter geworden als das umgebende Gestein, nach oben zu drängen begann und damit auch das glutflüssige Magma in den Förderkanälen darüber unter großem Druck in eine Magmakammer, 2 bis 3 Kilometer unterhalb der Vulkanoberfläche, preßte. Unter dem zunehmenden Druck

in der Magmakammer begann sich sogar das steinerne Dach des Kilauea-Herdes spürbar aufzuwölben. Bis zum 13. November registrierten die Seismometer auf dem Plateau mehr als 200 getrennte Erdstöße. Kurz vor dem Ausbruch nahm die Zahl der Erschütterungen bis auf 1500 pro Tag zu.

Mit hochempfindlichen Entfernungsmessern, das sind neuerdings Geräte, die mit Laserstrahlen arbeiten, kann man die Aufwölbung des Herddachs sehr genau vermessen. Beim Kilauea erreichte die Beule über dem Magmaherd bei einem Durchmesser von etwa 10 Kilometer eine Höhe von über 1 Meter.

Das Magma aus der Tiefe verändert sich auf seinem Weg nach oben.

Bildreihe oben: Langsam fließende Seillava rückt vor. Die erstarrende Haut reißt auf und läßt heißere Lava aus dem Innern ausquellen (links). Seillava (Pahoehoe) überrollt die ältere Lava (Mitte). Rechts: Der Pahoehoe-Lavastrom aus dem Mauna Ulu (Januar 1970).

Aufquellender Lavastrom im Krater des Mauna Ulu (Februar 1970)

Der Ausbruch des Mauna Ulu wurde die ganze Zeit von Geologen beobachtet. Diese Lavafontäne wurde am 30. Dezember 1969 fotografiert.

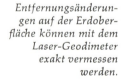

Entfernungsänderungen auf der Erdoberfläche können mit dem Laser-Geodimeter exakt vermessen werden.

Schon in der Magmakammer beginnt es abzukühlen. Feine Kristalle bilden sich in der Schmelze, vor allem der grünliche Olivin. Beim Kristallisieren wird Wärme frei, dadurch wird die Abkühlung des Magmas gebremst. Was aber für die Vorbereitung des Ausbruchs noch wichtiger ist: die im Magma gelösten Gase werden frei, weil der Gebirgsdruck in dieser Höhe deutlich nachgelassen hat. Ein Teil der freiwerdenden Gase dringt durch Risse und Spalten an die Oberfläche und kann dort von Gassonden auf seine Bestandteile hin untersucht werden. Auch daraus kann man, wenn ein Vulkan gut genug bekannt ist, auf einen bevorstehenden Ausbruch schließen. Mit Filmen, die für Wärmestrahlung, sogenanntes Infrarot, besonders empfindlich sind, kann man die Wärmeverteilung im Berg aus der Luft sogar von Satelliten aus fotografieren. Je mehr Beobachtungsmaterial man aber über einen Vulkan zusammenträgt, umso sicherer gelingt auch die Voraussage eines Ausbruchs.

Unter dem Druck der gespannten Gase erfolgte am Kilauea Iki, dem »Kleinen Kilauea«, am 14. November 1959 um 20.09 Uhr die erste Explosion. Der Kraterrand, der 91 Jahre lang keine vulkanische Tätigkeit mehr gezeigt hatte, war an einem Dutzend Stellen geborsten. Der Gasdruck des aufsteigenden Magmas jagte dünnflüssige Lava in hohen Fontänen durch alle Spalten und Löcher. Nachdem der erste Druck verpufft war, schlossen sich die Ausbruchsöffnungen bis auf zwei. Aus diesen übriggebliebenen Löchern aber schossen Lavafontänen bis zu 60 Meter Höhe empor. Als der Druck an einer der beiden Austrittsstellen nachließ, »fror« sie sofort zu. Dafür stieg nun die Fontäne aus dem letzten Ventil

200 Meter hoch auf. Nach einer Woche gleichmäßiger Dauertätigkeit erreichte sie zuletzt 400 Meter Höhe, dann sank sie in sich zusammen.

12 Tage nach dieser ersten Eruptionsphase regte sich der Kilauea Iki wieder. Erneut stieg ein 300 Meter hoher Lavastrahl auf. Der alte Einbruchskrater neben der Ausbruchsstelle wurde von dieser Lava überflutet. Ein 130 Meter tiefer, glühender See bildete sich.

Am 29. November 1959 erhob sich donnernd eine riesige Feuersäule 600 Meter hoch. Das war die höchste Lavafontäne, die man jemals auf Hawaii beobachtet hatte. Die Besucher, die schon seit Wochen auf die Insel kamen, um den Jahrhundertausbruch mitzuerleben, waren so ergriffen, daß sie, nach dem Bericht eines Beobachters, nur noch in feierlich gedämpftem Ton miteinander sprachen. Mit der gewaltigen Fackel kam auch das Ende der Eruptionen. In einem feurigen Strudel wurde der Lavasee in die Tiefe zurückgesaugt, soweit er nicht bereits zu einer festen Decke auf dem Kraterboden erstarrt war. Die »Beule« im Dach des Kilauea war schon zu Beginn des Ausbruchs wieder in sich zurückgesunken, allerdings nicht ganz auf die alte Höhe.

Als Nachspiel der grandiosen Vorstellungen auf der Gipfelhochfläche des Kilauea folgte noch ein Ausbruch entlang einer Spaltenzone, dem East Rift im Südosten der Insel. Rifts nennen die Amerikaner große, tiefgreifende Zerrungssysteme. In kurzer Zeit brachen auf einer Eruptionsspalte gewaltige Magmamassen hervor, die hangabwärts fluteten und bis ins Meer vorstießen. Zuckerrohrfelder, Orchideengärten und Papayaplantagen wurden verbrannt und überrollt. Eine Ablenkung der Lavaströme kam nicht in Frage, da sie mitten im Kulturland ausgetreten waren. Die Chance, einen Lavastrom abzulenken, wäre sonst auf Hawaii besonders groß. In den Jahren 1935 und 1942 ließ Th. A. Jaggar Lavaströme des Mauna Loa, die auf die Stadt Hilo zuflossen, vom Flugzeug aus bombardieren, und zwar so, daß der Schlackenwall, der sich an den erkaltenden Flanken jedes Lavastroms bildet, platzte, die Lava seitlich ausfloß, sich verteilte und schließlich zum Halten kam. Selbst niedere Erdwälle, die in aller Eile von Planierraupen aufgeworfen werden, sind imstande, die dünnflüssige hawaiianische Lava abzulenken. 1955 wurden auf diese Weise wertvolle Plantagen gerettet.

Entlang der Ausbruchsspalten am East Rift entwickelten sich reihenweise kleine Krater, die, sobald Wasser in die Spalte eindrang, mit heftigen Dampfexplosionen reagierten und Kegel aus verspritzter Lava aufbauten.

Auch die Lavafontänen lieferten übrigens kleine Vulkankuppen, denn der Wind trieb die glühenden, schaumig aufgetriebenen, deshalb leichten Lavafetzen aus der Feuersäule hinaus, überschüttete und verbrannte den Wald damit und lagerte einen hohen, schwarzbraunen Schlackenhügel ab. Lavatropfen, die in der Luft erstarrten, fielen als gläserne Tränen zu Boden oder als langausgezogene Glasfäden, die man »Peles Haar« nennt.

Im Gegensatz zu vielen anderen Vulkangebieten der Erde sind die Feuerberge Hawaiis auch für Touristen hervorragend erschlossen. Breite, asphaltierte Straßen steigen von der Hafenstadt Hilo über die flachen Hänge bis auf die Höhe des Kilauea. Sie umkreisen die Krater, winden sich ein Stück den Mauna Loa hinauf und führen zu jedem interessanten Punkt. Daneben gibt es Wanderwege durch die Sandelholz- und Baumfarnwälder. Sie führen zu den Dampflöchern rings um die Krater, zu den Orchideenwiesen und hart an die Ränder der kleinen Einsturzkessel. Quer durch den Kilaueakrater verläuft der Halemaumau Trail: »The world's weirdest walk!« — Der Welt unheimlichster Pfad!

Sieben Monate nach der Eruption des Kilauea Iki stellten amerikanische Wissenschaftler ein Bohrgerüst auf die erstarrte Lavadecke des ehemaligen Feuersees. Sie durchbohrten die 6 Meter dicke Kruste und fanden eine Temperatur von 1065 Grad Celsius. Einige Meter tiefer stießen die Bohrstangen in den Glutfluß selbst. Der Abkühlungsvorgang konnte genau beobachtet werden, die Bildung von Kristallen im langsam zäher werdenden Glutfluß und sein endgültiges Erstarren bei 980 Grad Celsius. Glutflüssige Lava hatte sich in festes Gestein zurückverwandelt, vor allem in den dunklen Basalt, der die ganze Insel aufbaut, ihre hohen, flachen Gipfel und den schwarzen Palmenstrand.

Den Lavasee im Kilauea Iki bohrten die Vulkanologen an, nachdem sich ein harter Deckel über der Lava gebildet hatte.

Lanzarote – Mond von dieser Erde

Hat der Mond einen neuen Namen? Keineswegs! Lanzarote liegt nicht im Weltraum, sondern 100 Kilometer vor der Westküste Afrikas. Lanzarote ist die östlichste der Kanarischen Inseln.

Weshalb dann Mond? Gibt es am Ende keine Luft auf Lanzarote, oder kein Wasser? Oh doch, an Luft fehlt es nicht, von der besten Qualität ist sie sogar und ständig in Bewegung. Was jedoch das Wasser anbelangt, sieht die Sache schon anders aus; keine Quelle findet man auf der ganzen Insel und keinen Bach. Nur Zisternenwasser, von den spärlichen Regen im Winter gespeist, steht den Bauern zur Verfügung. Erst seit kurzem beliefert eine moderne Meerwasserentsalzungsanlage die Hauptstadt Arrecife, die Hotels und die Touristenbungalows mit preiswertem Trinkwasser. Immerhin, der Wassermangel mag als Pluspunkt für die Überschrift gelten, nur, auch in der Sahara fehlt Wasser, und kein Mensch kommt auf die Idee, die Sahara mit dem Mond zu vergleichen. Doch wenn es reihenweise Kraterberge gäbe und ausgedehnte Lavameere, dann stimmte die Überschrift schon eher! Krater und Lavafelder aber zeichnen Lanzarote aus, wie kaum einen anderen Platz der Erde,

deshalb die Bezeichnung »Mond«! Wer mit dem Flugzeug über Lanzarote schwebt, blickt in das Mondgesicht. 300 Kraterberge bedecken die knapp 800 Quadratkilometer große Insel, die kleinen Kegel noch gar nicht mitgerechnet. Einige wenige, wie der Volcan Corona im Norden, stehen für sich allein. Viele Krater liegen in Reihen hintereinander auf langen Bruchspalten, an denen sie gemeinsam entstanden sind. Aber auch in ganzen Haufen, dicht gedrängt, kommen sie vor, wo sich Spaltensysteme kreuzen.

Bild links: Zeugen des Feuersturms, der in der Mitte des 18. Jahrhunderts Lanzarote verheerte, sind die Kraterberge der Montaña del Fuego.

Lanzarote ist die nordöstlichste der Kanarischen Inseln, die alle, wie auch Madeira, vulkanischen Ursprungs sind.

bis zum Gipfel. Sattgrün dehnen sich dann auch die Täler dazwischen, mit Palmenhainen und weißen Würfelhäusern, die an das nahe Afrika erinnern.

Schwarz ist dagegen jahraus, jahrein die Mitte und der Westen Lanzarotes. Mal Pais, »Böses Land«, nennen die Einheimischen diese unfruchtbare vulkanische Welt. Dort stehen die Feuerberge der Montaña del Fuego mit aufgerissenen Kratern und blauschwarzen Aschenhalden. In der vulkanischen Hitze sind die Kraterwände und die Schlackenhaufen rostrot oxydiert. Als erstarrtes, bleiernes Meer erfüllt die Lava das Tiefland ringsum mit langen, speckig glänzenden Wellen, runzelig, schuppig, an tausend Rissen geborsten und zu Schollen zerfallen. 200 Quadratkilometer, ein Viertel der Insel, sind darunter begraben. Aufgerissene Rachen ringsum, doch keiner der Krater glüht. Nirgends steigt Rauch auf, nirgends ein Wölkchen von heißem Dampf! Wie Museumsstücke stehen die Berge da. Der spärliche Frühjahrsregen versickert spurlos in ihren Schlackenhalden und zwischen den Lavaschollen. Deshalb gibt es weit und breit keine Quelle, keinen Bachlauf, der die Landschaft umgestaltet. Über Jahrhunderte werden die Ereignisse in diesem trockenen Land konserviert.

Da gibt es dunkle Schlackenkegel, an denen die Zeit gearbeitet hat, runzelige Berge mit Rillen in den Hängen und abgewetzten Kanten. Im Frühjahr, wenn es ein paar Tage geregnet hat, überzieht sie ein grüner Schleier

Mitte 1824 flackerte das vulkanische Feuer zum letztenmal auf Lanzarote. Entlang einer Spalte von Nordosten nach Südwesten öffneten sich nacheinander die Krater der Feuerberge Tao, Tinguaton und Volcan Negro. Schlackenkegel bildeten sich, Lava floß aus, und als Meerwasser in die Spalte eindrang, schossen riesige Dampf- und Heißwasserfontänen in die Höhe. Der grausamste Feuersturm aber, der die Kanarischen Inseln seit

Menschengedenken heimsuchte, tobte ein Jahrhundert zuvor, sechs lange Jahre hindurch: Am 1. September 1730, zwischen 9.00 und 10.00 Uhr abends, erbebte die Erde unter Donnerschlägen. Der Pfarrer von Yaiza, Don Andrés Lorenzo Curbelo, schrieb: »Die Erde öffnete sich bei Timanfaya, und ein riesiger, feuerspeiender Berg erhob sich. 19 Tage dauerte das grausige Schauspiel. Wenige Tage danach öffneten sich andere Krater, aus denen Lava quoll, die sich über die Dörfer Timanfaya, Rhodeo, Mancha Blanca schob. Am 6. September verlegte ein großer Fels dem Lavastrom den Weg und lenkte ihn aus der Nordrichtung nach Nordwesten um. Damit wurden auch Maretas und Santa Catalina zerstört. Am 11. September brachen neue Feuerschlünde auf. Dünnflüssige Lava überflutete Mazo und stürzte nach 6 Tagen mit schrecklichem Getöse und schaurigschönen, feurigen Kaskaden ins Meer . . .«

Den fruchtbarsten Teil der Insel zerstörten die vulkanischen Gewalten. 400 Häuser, Gärten und Felder versanken im glühenden Lavameer. Die Menschen flohen nach Norden und Süden, ziellos und ohne Hoffnung auf Sicherheit. Manche verließen die Insel für immer. Im Herbst 1730 spieen gleichzeitig 30 Krater Tod und Verderben. Mit kleinen Unterbrechungen dauerten die Eruptionen und Lavaausbrüche bis zum 10. April 1736 an.

Danach hatte Lanzarote sein Gesicht völlig verändert. Die besten Felder, die wohlhabendsten Dörfer waren zerstört. Ein Mondgebirge erhob sich nun über der Mitte der Insel, trostlos, abweisend, ein Garten des Todes. Doch in ihrem Schrecken waren die Menschen zu unfreiwilligen Zeugen eines Vorgangs geworden, der seit

Wasser lieferten in Lanzarote bis vor kurzem nur die Zisternen.

Bildreihe links: Die alten Vulkane Lanzarotes sind zerfurcht und von Pflanzen bedeckt (oben). Die jüngeren Vulkanberge sind selbst nach 250 Jahren noch schwarz und kahl (Mitte). Die Landwirtschaft hat im »Mal Pais« noch nicht wieder Fuß gefaßt. Doch Touristen zieht die heroische Landschaft an (unten).

35

Die Vulkanologen
unterscheiden auf
Lanzarote verschieden
alte Basaltserien. Die
älteste (schwarz) ist
mindestens 12 Millio-
nen Jahre alt. Die vio-
lette ist jünger. Deut-
lich jünger ist die rote.
Die Lavamassen der
letzten Jahrtausende
sind gelb eingetragen.

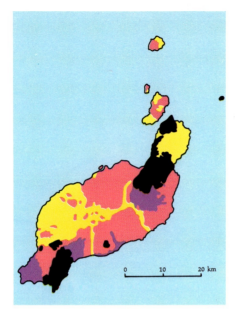

0   10   20 km

Kleine Autobusse, in
»Vulkanfarben« gehal-
ten, fahren über die
neue Straße in den
National-Park.

20 Millionen Jahren in längeren oder
kürzeren Abständen die Insel wachsen läßt und das Meer zurückdrängt.
Nuestra Señora de los Volcanes, »Unsere Liebe Frau von den Vulkanen«,
ist die Schutzherrin der Insel. Ihr ist
die kleine weiße Kirche von Mancha
Blanca geweiht. Ein Kreuz steht auf
dem erstarrten Lavastrom, nur wenige Meter von der Kirche entfernt.
Dort hielt er an, teilte sich und nahm
einen anderen Weg, als die Gläubi-
gen des Dorfes mit dem Bildnis der
Gottesmutter der brennenden Flut
entgegenzogen. Alljährlich am 15.
September wird die Erinnerung an
das Wunder von Mancha Blanca mit
aller Hingabe gefeiert.

Zweieinhalb Jahrhunderte sind seit
den höllischen Jahren vergangen.
Strahlend weiß stehen heute die Häuser von Yaiza, dem Städtchen am
Südrand des Mal Pais, vor den
schwarzen Schollen des Lavameers
und den rostüberlaufenen Kuppen
der Montaña del Fuego. Aber das
Rebland und die Zwiebelfelder enden
immer noch an der Grenze, die einst
die Lava zog. Dennoch wandert jeden
Morgen eine lange Kamelkarawane

von Yaiza zu den Feuerbergen in die
Gegend, die man auch heute noch
nach dem verschütteten Dorf Timanfaya nennt. Afrika! Beduinen auf
der Wanderschaft! Nur einen Augenblick hält diese Vorstellung der Wirklichkeit stand. Die Bauern von Yaiza
sind es, die ihre Arbeitsdromedare
am langen Strick zu den Feuerbergen
führen. Um 10.00 Uhr kommen die
Touristen. Ein Kamelritt ist dann
leicht zu verkaufen.

Eine vorzügliche Asphaltstraße durch-
quert das Lavameer, eine Abzwei-
gung, die Pista del Generalissimo, ver-
läßt die Durchgangsstraße am Nord-
abhang der Vulkankette. Sie führt
in den neugeschaffenen Nationalpark.
Der Schlagbaum öffnet sich! Der Wagen rollt in eine Urlandschaft. Kahle
Schlackenkegel, deren Hänge der
Wind mit Wellen und Rippelmustern
überzogen hat, begleiten die Straße.
Stumpfes Schwarz beherrscht die
Runde, aber es gibt auch metallische
Farben, wie bei ausgeglühtem Stahl,
schillerndes Blau und Violett, minera-
lisches Braun und Rostrot. Die
Asphaltpiste führt durch die weite
Niederung. Bis zum Horizont dehnt
sich das Lavameer. Erst aus der Nähe
begreift man, wie unwegsam und abweisend das Mal Pais ist; die erkal-
tende Lava ist in Blöcke und unzähl-
bare dünne Schollen zerbrochen. Nur
zögernd siedeln sich kleine graue
Flechten in dieser sonnendurchglüh-
ten Welt an.

Fast unmerklich steigt die Straße an
und führt in einen Krater, aus dem
einst ein mächtiger Lavastrom Tod
und Verderben brachte. Wie eine
Sichel legt sich ein Schlackenhang um
den erloschenen Schlot. Kleinere
Schlacken- und Aschenkegel säumen
den ganzen Weg, manche sind durch
seitliche Sprengtrichter aufgerissen.
Lavaschornsteine, Hornitos nennt sie

der Fachmann, stehen mitten im Lavameer. Aus ihnen entwichen die Gase der heißen Lavaströme, die unter der erkalteten Decke wie in einem Tunnel noch eine Zeitlang weiterflossen. Unter Druck schossen die Gase durch einige Löcher in der Decke, rissen glühende Lavafladen mit und mauerten regelrechte Kamine auf.

Am Rande eines Sprengtrichters auf dem Islote de Hilario endet die Fahrt. Am Kraterrand steht ein bemerkenswertes Restaurant: eine Diskusscheibe aus porösem Basalt, rostigem Stahl und Glas. Ein kühnes, modernes Gebäude, von lanzarotanischen Archi-

Ein Bild von den vulkanischen Ereignissen auf Lanzarote geben die Ausbrüche von 1971 auf La Palma. Dort stieß die Lava bis zum Meer vor.

In einem regelrechten Kanal floß die Lava am Ätna im selben Jahr.

tekten entwickelt und vielleicht deshalb so eindeutig und selbstverständlich auf die vulkanische Landschaft bezogen. Unter einer offenen Kuppel öffnet sich ein kreisrunder, tiefer Schacht. Ein Ziehbrunnen? Der Schein trügt! Keine Spur von Wasser! Aus

der Tiefe des »Brunnenschachts« steigt glutheiße, zitternde Luft auf, vulkanisch erhitzte Luft. Der ganze Berg ist heiß! Die Bodenfliesen im Restaurant sind etwas mehr als handwarm. Der Lavagrus, den Manuel am Hang zusammengeschippt hat, aber ist teuflisch heiß. Doch so braucht er ihn für seine Schau: Mit scheinheiligem Lächeln verteilt er freigiebig kleine Portionen in die aufgehaltenen Hände der Touristen. Ob er es genießt, wenn sie zuerst große, erstaunte Augen bekommen und Sekunden später erschreckt zurückzucken um den heißen Sand abzuschütteln? Manuel lächelt. Die Schau geht weiter: Erst brät er Spiegeleier auf seinem Sandhaufen, dann holt er mit einer langen Gabel ein Bündel trockenes Reisig aus seinem Vorrat und steckt es in eine zwei Meter tiefe Grube. Es dauert keine Minute, bis die Zweige in hellen Flammen stehen.

Spiegelei, vulkanisch gebraten

Mit einem Schlag schießt der kochende Wasserstrahl aus dem Kunstgeysir.

Ein Grill, auf dem man Fische schmoren kann, ist in den Berg gebaut. In der letzten Abteilung seiner Schau schüttet Manuel Wasser aus einem Eimer in ein eisernes Rohr, das man zwei Meter tief in den Boden getrieben hat. Zuerst dampft es nur aus dem Rohr, dann kocht es über, und mit einem Schlag schießt ein Wasser-Dampf-Gemisch wie ein Geysirstrahl 6 bis 7 Meter hoch in die Luft. Die Touristen sind platt! Manuel strahlt! Er hat es bewiesen: das unterirdische Feuer ist auf dem Islote de Hilario noch nicht erloschen! In 20 Zentimeter Tiefe mißt man 140 Grad, in 2 Meter Tiefe 400 Grad Celsius.

Am frühen Nachmittag kehrt die letzte Karawane von den Feuerbergen zurück. Mit merkwürdig eckigen Bewegungen steigen die Dromedare auf den schmalen Trampelpfaden abwärts. Wie auf hoher See schwanken die Reiter in ihren Sitzen. Ein Windstoß wirbelt Staub auf. Für einen Augenblick ist Afrika wieder ganz nahe.

Es ist kein Wunder, daß die genügsamen Dromedare die wichtigsten Arbeitstiere auf der wasserarmen Insel sind. Nur für Fremde ist es ungewohnt, Kamele vor dem Pflug zu sehen. Sie wundern sich vielleicht auch darüber, daß der Holzpflug den

Bilder auf Seite 38: Hornitos auf Lanzarote (oben). An der Westküste Lanzarotes holt sich das Meer im ständigen Anprall das Land zurück (Mitte). Am Rande eines Sprengkessels liegt das »Vulkan-Restaurant« auf dem Islote de Hilario (unten). Durch die unberührte Vulkanlandschaft führt heute eine Aussichtsstraße (rechts).

Wein und Feigen gedeihen vorzüglich in der lockeren Vulkanasche, wenn sie in flachen Trichtern vor dem Wind geschützt sind. Auch halbkreisförmige Natursteinmauern halten den Wind ab.

Bild rechts oben: Dromedare sind auf Lanzarote bewährte Arbeitstiere.

Boden nicht wendet, sondern nur Rillen in den schwarzen Lavagrus zieht, auch, daß es keinen Platz für Traktoren gibt, denn die meisten der kleinen Felder sind von meterhohen Trockenmauern umgeben. Im Rebland von Uga ist jeder Stock der Malvasiertrauben in einen flachen Trichter gepflanzt und meist noch durch eine halbkreisförmige Mauer geschützt. Selbst Feigenbäume wachsen als niedrige Büsche in den schwarzen Trichtern und bringen volle Ernte.

Es ist eine merkwürdige Sache, daß es auf dieser wasserarmen Insel überhaupt Ackerbau gibt. Man muß allerdings auch einiges für die Kulturpflanzen tun, daß sie das ganze Jahr durchstehen. Gegen Kälte braucht man sie nicht zu schützen; auf Lanzarote schneit es nie. Auch die Sommerhitze ist erträglich, wenn man bedenkt, daß die Sahara auf der gleichen Breite liegt. Es kommt zwar vor, daß die Temperaturen im Inneren bis über 40 Grad steigen, meist aber liegen sie erheblich niedriger, denn der kühle, nur etwa 20 Grad warme Kanarenstrom wirkt wie eine große Klimaanlage. Aber Regen fällt nur an wenigen Tagen im Spätwinter. An über 300 Tagen im Jahr scheint die Sonne, und fast immer weht ein Wind. Trockenheit ist auch das landwirtschaftliche Problem.

Hilfe kommt vom Picon, dem körnigen Lavagrus, mit dem die Felder etwa 30 Zentimeter hoch bedeckt werden. Dieser porenreiche Lavasplitt, der an den Hängen der alten Vulkane abgebaut wird, nimmt nämlich den nächtlichen Tau auf und leitet ihn den Wurzeln zu. Mit seiner Hilfe ist es möglich, Pflanzenbau zu betreiben, vorausgesetzt, daß man den ewig wehenden Passatwind davon abhält, den Boden auszutrocknen. Deshalb baut man Trichter und Mauern, die

gegen den Wind gerichtet sind. Deshalb auch der »altmodische« Hakenpflug, der mehr Wasser spart als sein moderner Vetter, der Wendepflug. Der würde das feuchte Unterste zuoberst kehren und die Verdunstung damit erheblich verstärken.

Viel weniger Pflege als die Rebstöcke und Feigenbäume verlangen die breitstengeligen Opuntien, die vor allem im Norden Lanzarotes in großen Plantagen gezogen werden. Zwar schätzt man ihre süßen, stacheligen Früchte sehr, aber das ist nicht der Grund, weshalb man sie anpflanzt. Das Mädchen im hellen Arbeitsmantel mit der breiten Sonnenkapuze geht nicht durch das Kaktusfeld, um Früchte einzusammeln. Mit einem scharfkantigen Löffel schabt es hellgraue Schildläuse von den Stengeln in eine Büchse. Wird eine Schildlaus durch den Löffel zerdrückt, bleibt ein purpurroter Farbfleck auf der Pflanze zurück. Auch der Mantel ist von Purpurflecken getüpfelt. Diesem Farbstoff zuliebe werden die Schildläuse auf den Opuntien gezüchtet. Für die kosmetische Industrie gewinnt er wieder zunehmende Bedeutung. Die besten Lippenstifte enthalten den roten Farbstoff der Cochenilla, der Purpurschildlaus.

Im Norden der Insel liegt auch der 610 Meter hohe Volcan Corona, der sein Zackenhaupt über eine 450 Meter hohe Steilküste erhebt. Nach allen Seiten schickte er vor mehr als 2000 Jahren Lavaströme bis zum Meer.

24 Quadratkilometer bedeckt heute das »Mal Pais de la Corona«. Die Oberfläche der jahrtausendealten Lavaströme ist auch heute noch unfruchtbar. Aber die Insel wurde größer durch die Ausbrüche des Corona. Über 20 Quadratkilometer drängte er das Meer zurück. Das wäre nichts besonderes auf einer Insel, die aus Vulkanen zusammengesetzt ist, wenn nicht im Lavafeld des Coronavulkans die größte Lavahöhle der Welt läge: die 6,1 Kilometer lange »Cueva de los Verdes«. Vom Rand des Coronavulkans bis zum Meer hinab durchzieht diese Höhle die Lavamassen. Der Höhenunterschied auf dieser Strecke beträgt 230 Meter. Bis zu 24 Meter breit wird sie und bis zu 15 Meter hoch.

Als die Lava ringsum schon erstarrt war, strömte immer noch der Glutfluß in der Röhre. Selbst als der Nachschub aus dem Vulkan zurückging, muß er noch so heiß und so dünnflüssig gewesen sein, daß er unten am Meer ausfloß. Aus der leerlaufenden Lavaleitung entstand dabei die Höhle. In der »Backröhre« blieb die Temperatur auch deshalb lange Zeit höher als in der Umgebung, weil die heißen Gase, die aus der Lava austraten, sich mit Luft vermischten und verbrannten. Die Spuren dieser Oxydation erkennt man heute noch als rote und grüne Flächen an den Höhlenwänden. Auch die Lava der Decke wurde durch die hohe Temperatur noch einmal aufgeschmolzen, zog sich zu langen Lappen aus und tropfte ab. Die erstarrten Lavatücher und Glutflußtränen hängen heute noch wie Tropfsteine von der Decke und den Wänden. Striemen an der

dunklen Höhlenwand geben die Fließrichtung des Feuerstroms an; auch daß die Lava sehr dünnflüssig gewesen sein muß, kann man erkennen, denn als der letzte Rest des abfließenden Lavastroms in der Höhle selbst erkaltete, schob sich die dünne, elastische Oberflächenhaut zu vielen Falten und Fältchen zusammen. Durch die Bewegung wurden die Falten verdreht, nun liegen sie wie verschlungene Taue als Stricklava am Höhlengrund.

Die Ureinwohner Lanzarotes, die blonden und blauäugigen Guanchen, ein Volksstamm, der wahrscheinlich den Berbern nahestand, besiedelten

Auf den Opuntien werden Schildläuse gezüchtet. Diese liefern für die kosmetische Industrie einen purpurroten Saft.

Die Cueva de los Verdes entstand beim Ausbruch des Corona-Vulkans, der im Hintergrund zu sehen ist.

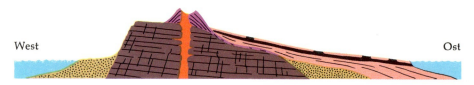

Schnitt durch den Corona-Vulkan mit der größten Lavahöhle der Welt.

in zahlreichen Sippen die Insel. Die Cueva de los Verdes und andere Lavahöhlen dienten ihnen als Zuflucht vor den normannischen und spanischen Eroberern. Gegen die

Lavahöhlen entstehen, wenn im erstarrenden Glutfluß ein heißer Strang noch weiter läuft. Sobald die Lavalieferung aus dem Vulkan nachläßt, wird über dem fließenden Strang ein Hohlraum frei. An den Wänden der Höhle lagert sich erstarrende Lava ab, die von den heißen Gasen immer wieder geschmolzen wird, so daß sich Lavatropfsteine bilden. Schließlich erstarrt auch das Lavarinnsal am Grund der Höhle.

fremden Krieger, die mit eisernen Waffen kamen, hatten die Guanchen trotz allen Heldenmuts keine Chance. Ihre Waffen waren aus Stein und Holz, denn die Vulkaninsel lieferte kein Metall, selbst Holz war eine Seltenheit. Nach jahrzehntelangem Abwehrkampf wurden die Guanchen 1407 endgültig besiegt.

In späteren Jahrhunderten war die Cueva de los Verdes erneut Zufluchtsort für die Verfolgten der Insel. In höchster Not versteckten sich die spanischen Siedler hier vor nordafrikanischen Sklavenjägern. Doch fast immer wurden die verängstigten Flüchtlinge entdeckt und weggeschleppt. Später zogen sich die Juden der Insel, Los Verdes, die Grünen genannt, in der Fastenzeit hierher zurück, um den Nachstellungen ihrer christlichen Mitbürger zu entgehen.

Heute ist der schönste Teil der Höhle für den Besuch ausgebaut. Von der Höhe des Mal Pais führt ein schmaler Fußweg in einen Einbruchskessel hinab, folgt einige Meter durch ein hohes, dunkles Tor der Röhre, die zum Meer hinführt, um dann in westlicher Richtung durch einen engeren Gang die tiefste Stelle, 35 Meter unter der Oberfläche, zu erreichen. Musik begleitet die Besucher auf dem ganzen Weg, rollende Trommelwirbel, Fanfarenstöße und die unwirklichen gläsernen, tropfenden Töne einer elektronischen Komposition. Strahlende Scheinwerfer erhellen die dunklen Gänge und Hallen, lassen die Oxydationsfarben an der Höhlendecke aufleuchten, zeichnen die bizarren Schatten der herabhängenden Lavafahnen an die Wand. Fotoverschlüsse klicken, Blitzlichter zucken

Schnitt durch den ausgebauten Teil der Cueva de los Verdes

Blinder Tiefseekrebs in der Jameos del Agua

Bild links: Konzertsaal in der Cueva de los Verdes

entsetzten Zuschauer liegen! Wo eben noch ein Abgrund zu sein schien, kräuseln sich jetzt die Wellen eines Höhlenteichs. Täuschung war alles! Der raffiniert beleuchtete Schacht über ihnen hatte sich im völlig glatten Wasser gespiegelt. Hellwach und aufmerksam wandern die Besucher dem Ausgang zu, der im gleichen Einbruchskessel liegt, wie der Eingang, nur eben eine Etage höher.

Der unterste Abschnitt des Höhlensystems, schon in der Nähe des Meeres, ist ebenfalls zugänglich. In der »Jameos del Agua« — Jameos heißt so viel wie Höhleneinsturz — liegt ein Höhlensee, der im Wechsel von Ebbe und Flut steigt und fällt. Meerwasser erfüllt ihn. Zentimeterlange, weiße Höhlenkrebse leben dort. Sie sind aus der dunklen Tiefsee in die Finsternis der Lavahöhle eingewandert. An beiden Enden des Sees ist die Höhlendecke nachgebrochen. Die Schutthügel hat man in aufsteigende Terrassen verwandelt und mit Basaltplatten planiert. Weißgedeckte Tische und Stühle stehen dort, Kakteen und Papayapflanzen wachsen im einfallenden Sonnenlicht. Im exklusiven Höhlenrestaurant, bei angenehmer Temperatur, im Schatten eines orangefarbenen Sonnensegels, das einen Teil des großen Loches im Höhlendach überspannt, kann sich der müde Besucher von seinem Gang durch die Cueva de los Verdes und das Mal Pais de la Corona erholen. In aller Ruhe mag er über Entstehung und Geschichte dieser unterirdischen, vulkanischen Welt nachdenken.

auf, doch die Ausbeute wird klein sein, denn es ist nicht leicht, einen so großen, dunklen, lichtschluckenden Raum genügend auszuleuchten. Saal der Hoffenden, Guanchenpfad, Teufelsröhre, ein Schacht öffnet sich nach oben, eine Brücke wird sichtbar. Die Höhle hat zwei Stockwerke, das größere, geräumigere, liegt oben. Treppauf, treppab, der Gang weitet sich zu einem großen Auditorium, einem Konzertsaal, der seinesgleichen sucht. Gitarrenmusik klingt auf! Die Akustik ist unübertrefflich! Kein Echo, kein störender Nachhall; die Lavawände sind porös. Über zwei Leitern geht es nach oben in die Bibliothek und durch den Todesschlund.

Plötzlich steht die Gruppe vor einem gähnenden Abgrund. Am Rand führt ein schmaler Pfad weiter, ohne Seilsicherung, ohne Geländer. Die Besucher murren, als Ildefonso sie bittet, weiterzugehen. Jetzt zeigt sich, wer Mut hat. Bevor die Gewissensfrage aber wirklich gestellt wird, nimmt er einen Stein und wirft ihn in den Schacht. Ein Zauberschlag zerreißt das Bild! Wasser spritzt auf! Der Stein bleibt vor den Füßen der

Teufel-Symbol am Fenster des Vulkanrestaurants

Los Castilletes

Jameo de la puerta mora

Sala

Santorin – War es Atlantis?

Etwa 100 Kilometer nördlich von Kreta liegt die südlichste Inselgruppe der Kykladen: Santorin.

Fünf Inseln bilden den Archipel. Im Osten liegt Thera, die größte Insel. Wie eine geöffnete Hand spannt sie sich um ein blaues Binnenmeer, das im Nordwesten von der kleineren Insel Therasia und im Süden vom weißen Inselsplitter Aspronisi begrenzt wird. Mitten in diesem Binnenmeer liegen zwei ziemlich niedrige Inseln. Wegen ihrer schwarzen Farbe werden sie Kaimeni, soviel wie »Die Verbrannten«, oder, wenn man großzügiger übersetzt, »Feuerland«, genannt. Im Gegensatz zu ihnen erheben sich die äußeren Inseln schroff, mit hohen Steilwänden aus dem Binnenmeer. Nur nach außen, zur offenen Ägäis hin, fallen auch sie sanfter ab. Die Kaimeni sind rostbraun und schwarz. Die äußeren Inseln haben eine helle Landoberfläche, manchmal erscheinen sie fast weiß, denn sie sind von mächtigen Bimslagen bedeckt.

Am Südrand von Thera, nahe beim Dorf Akrotiri, graben griechische Archäologen. Unter einer Bimsdecke, die einige Meter dick ist, stoßen ihre Spaten auf die Mauern einer alten Siedlung, die offenbar vor dreieinhalb Jahrtausenden von ihren Bewohnern verlassen wurde. Eine Straße ist freigelegt, dicht aneinander gebaute Häuser mit Mauern aus wenig behauenen Steinen, aber mit Türen und Fenstern, säumen sie. In einem besonders vornehmen Haus ist ein Raum mit glatten Steinplatten ausgelegt. Der Stumpf einer Säule steht in der Mitte. Vielleicht trug die Säule einst das Dach. Schmucklos, merkwürdig leer sind die Räume.

Bild links: Blick von Phira auf Kaimeni

Karte von Santorin. Außer dem Elias-Berg ist die Inselgruppe vulkanischen Ursprungs.

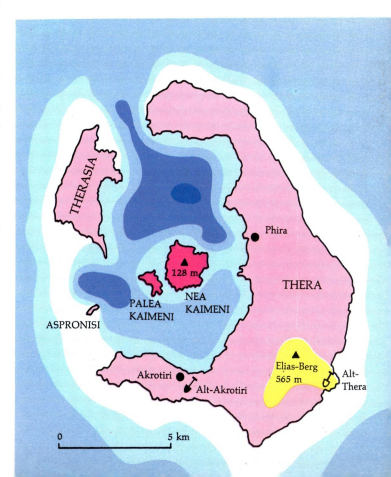

Kein kostbares Stück hat man bisher gefunden, auch keine Überreste von Menschen. Selbst wertvollere Töpfe und teure Werkzeuge sind selten.

Der Säulenstumpf im vornehmen Haus steht schief, der Plattenboden ist auf einer Seite abgesunken. In manchen Zimmern liegen die Reste der zusammengebrochenen Dächer. Auch die dicken Mauern sind geborsten und oft nicht nur in sich zusam-

te, wie sie nach den ersten, schweren Erdstößen erschreckt ins Freie flüchteten und ihre Habe aus den Häusern retteten. Das ist bis heute so, wenn eine Stadt von Erdbeben geschüttelt wird. Normalerweise folgt auf die Zerstörung der Wiederaufbau. Hier war das anders.

Die Siedler von Alt-Akrotiri verließen ihre Heimat für immer. Wahrscheinlich gingen sie auf die Schiffe, die in

Auf diesem Luftbild sieht man vorne Thera, in der Mitte Nea Kaimeni und dahinter Palea Kaimeni.

mengefallen, sondern als Ganzes auf die Straße gekippt. Für Menschen, die im Mittelmeergebiet leben, sind das eindeutige Spuren. So wirken Erdbeben und Vulkanausbrüche! Alt-Akrotiri wurde nicht von Menschenhand zerstört. Die Siedlung unter dem Bims fiel einer Naturkatastrophe zum Opfer. Ihre Bewohner konnten aber offenbar noch rechtzeitig fliehen. Es gehört nicht viel Phantasie dazu, sich vorzustellen, wie ein Rumoren tief im Berg die Menschen beunruhig-

der Bucht am Südrand der Stadt lagen und suchten ihr Glück in der Ferne.

Die Zukunft ihrer alten Heimatinsel aber hatten sie richtig eingeschätzt; sie war dem Untergang geweiht! Es mag sein, daß sich schon mit den Erdbeben zusammen die ersten vulkanischen Spalten am Gipfel der Insel geöffnet hatten, daß der Asche- und Bimsregen, der sie später völlig verschütten sollte, bereits eingesetzt hatte. Genaues ist nicht bekannt.

Bildreihe rechts: Blick vom Eliasberg nach Norden (oben). Das Ausgrabungsfeld von Akrotiri (Mitte). Umgefallene Mauern in Akrotiri (unten).

Merkwürdig ist nur, daß in die verlassene Siedlung noch einmal Menschen kamen, um für kurze Zeit Besitz von den Ruinen zu ergreifen. Alles spricht dafür, daß es nicht die alten Bewohner waren, sondern arme Teufel, die sich in den geborstenen Mauern einnisteten. Professor Spyridon Marinatos, der Athener Archäologe und Ausgräber von Alt-Akrotiri, weist darauf hin, daß das Handwerkszeug der Ruinenbewohner erheblich primitiver war, als das der früheren Siedler. Auch ihre Raumansprüche waren viel bescheidener. Mit hastig aufgeführten Mäuerchen unterteilten sie die alten Wohnräume in kleine Kammern. Dort fand man ihre schlichten Töpferwaren und ihre einfachen Werkzeuge.

Wie lange sich die Ruinenbewohner auf der Insel halten konnten, bevor das Unheil über sie hereinbrach, weiß man nicht. Ob sie rechtzeitig fliehen konnten, oder ob der Vulkan ihnen ein grausiges Ende bereitete, ist völlig ungewiß. Eines jedoch ist sicher: Die alte Landoberfläche der Insel überzog ein ungeheurer Vulkanausbruch mit einer bis zu 66 Meter dicken Bimsschicht, mit einem alles erstickenden Leichentuch.

Gerade dieser Bims hat aber die alte Landoberfläche gut konserviert. Die Bimsablagerungen selbst ermöglichen es dem Vulkanologen, Schlüsse auf den Ausbruchsverlauf zu ziehen.

Am Steilrand der Hauptinsel Thera, südlich der Stadt Phira, liegen ausgedehnte Bimsbrüche. Die weiße Wand ist dort etwa 30 Meter hoch und erstaunlich gleichförmig in ihrem Aufbau. Nur die untersten 4 Meter bestehen aus etwas rötlicherem Bims. Dann kommen, insgesamt etwa 1 Meter dick, einige dünnere Schichten. Darüber fällt es schwer, Abschnitte zu unterscheiden; das Material ist wie

aus einem Guß. In der Hauptmasse besteht es aus weißem Bimsstaub, in den kleine und große Bimsbrocken eingebettet sind. Offenbar flogen diese Stücke beim Ausbruch durch die Luft und schlugen als Bomben in die lockere Masse ein.

Mit einiger Wahrscheinlichkeit liegen, nach den Bimslagen zu schließen, eine Reihe getrennter Ausbrüche vor. Der erste war aber allein schon so gewaltig, daß er genügt haben dürfte, alle Menschen von der Insel zu vertreiben, denn 4 Meter Bims reichen völlig aus, um Dächer einzudrücken und Felder zu vernichten.

Als der Suezkanal gebaut wurde, war übrigens der Bims von Santorin ein hochbegehrter Rohstoff für seewasserfesten Zement. Damals wurden so *Bims* große Mengen abgeräumt, daß die

Teil sank unter den Meeresspiegel. Nur die höchsten Bruchschollen sind heute noch als Inseln sichtbar. Am Südrand der alten Landmasse senkte sich der Meeresspiegel auf etwa 2000 Meter ab. Dort ist die Spannung in der Erdkruste auch heute noch besonders groß. Entlang dieser Spannungslinie traten Spalten in der Erdkruste auf, an denen sich Vulkane bildeten. Die ägäische Vulkanreihe beginnt im Westen mit Susaki, Aegina und Methana, erreicht über die Insel Milos Santorin und schwingt von dort hinüber nach Nisyros, Hyali und Kos. Bis in unsere Tage hinein sind die Vulkane von Santorin und Nisyros aktiv. Am bemerkenswertesten ist zweifellos das mittlere Glied dieser Kette: die Inselgruppe Santorin! Man könnte Santorin auch »Insel mit

Oben Mitte: Steilwand von Thera mit Bimsverladeplatz

Rechts oben: Bimsbrüche über der Steilküste. An ihrer Sohle wird die alte Landoberfläche freigelegt.

alte Inseloberfläche zum Vorschein kam: Ackerboden, über den einst der Pflug gegangen war, Reste von Ölbäumen und Häusern. Zum erstenmal ahnte man, daß Menschen die Bimskatastrophe miterlebt hatten.

Doch nun einmal schön der Reihe nach: Gegen Ende der Tertiärzeit, vor etwa 10 Millionen Jahren, war da, wo heute das Ägäische Meer ist, noch festes Land. Die verbindende Landmasse zwischen Europa und Kleinasien zerbrach aber. Ihr größter

den vielen Namen« nennen. Einst hieß sie Strongyle, »Die Wohlgerundete«. Dann nannte man sie Kalliste, »Die sehr Schöne«, auch Philothera, Kalavria, Tefcia und Rinia wurde sie genannt. Die Venezianer tauften sie nach der Heiligen Irene Santa Irini, so nennt man sie mit Santorin heute noch. Ihr türkischer Name Deirmedzik, »Kleine Mühle«, wegen der vielen Windmühlen, die es einst auf der Insel gab, ist vergessen. Auch der amtliche Name Thera ist eigentlich nur auf der Landkarte eingetragen. Aus der Liste dieser Namen ist der erste besonders merkwürdig, denn wohlgerundet ist keine der Inseln, weder das sichelförmige Thera, noch sein Gegenüber Therasia, auch nicht die winzige Aspronisi. Auf die beiden Kaimeni kann sich der alte Name gar nicht beziehen, denn sie sind erst viel später entstanden.

Also haben sich die Alten entweder nichts dabei gedacht, als sie Santorin »Strongyle« nannten, oder aber die Verhältnisse waren früher eben anders als heute. Bemerkenswert ist es immerhin, daß man zu einem ziemlich rundlichen Gebilde kommt, wenn man auf der Karte um die Inselgruppe herumfährt. Zwar entsteht kein regelmäßiger Kreis, aber ein ganz ordentliches Oval. Vieles spricht dafür, daß es früher einmal anstatt der Inselgruppe eine einzige Insel gab, eine vulkanische Insel, die sich mit sanfter Böschung aus dem Meer erhob und zur Mitte hin vielleicht 1000 Meter hoch aufstieg. Man ist dabei keineswegs auf Vermutungen angewiesen; die Steilwände von Thera und Therasia mit ihren zahllosen Lava- und Schlackenlagen ermöglichen eine entsprechende Rekonstruktion.

Der 568 Meter hohe Prophitis Elias im Südosten von Thera, heute die höchste Erhebung der Inselgruppe, besteht allerdings aus Kalk und Tonschiefer. Mit der vulkanischen Geschichte der Insel hat er nichts zu tun. Er ist eine der übrig gebliebenen Schollen der alten kykladischen Landmasse. Im Laufe der Zeit wurde der Eliasberg in den Vulkan, der aus der Tiefe des Meeres heraufwuchs, eingeschweißt.

Eine große, runde Insel mit einem hohen, zentralen Berg, an dem sich die Wolken abregneten, das muß ein verlockender Platz für die ersten Siedler gewesen sein. Vor etwa 4000 Jahren faßten sie Fuß auf Strongyle: Fischer, Hirten, kleine Bauern, geschickte Handwerker und sicher auch ein paar Händler, die mit ihren Schiffen zu den anderen Inseln fuhren und die Verwandten auf der großen Insel Kreta im Süden besuchten. Ob die Entdecker überhaupt merkten, daß sie sich zu Füßen eines gefährlichen Feuerberges niedergelassen hatten, läßt sich schwer sagen. Offenbar aber trauten sie der Ruhe und stellten sich auf friedliche Zeiten ein. Sie pflanzten Brotgetreide, hegten Ölbäume, formten auf der Drehscheibe wunderschöne Tongefäße und pflegten auch sonst die handwerklichen Künste.

Die Funde bei den Ausgrabungen sprechen dafür, daß die alten Siedler keine Griechen waren, sondern daß sie dem großen Volk der Minoer angehörten, das damals Kreta und die Inseln ringsum bewohnte.

Das minoische Reich blühte und gedieh, trieb Handel mit allen Nachbarländern, selbst mit dem fernen Ägypten. Seine Flotte beherrschte das östliche Mittelmeer uneingeschränkt. Um so erstaunlicher ist es, daß vor etwa 3500 Jahren das mächtige Minoerreich innerhalb kurzer Zeit un-

Krater von Nysiros, dem zweiten, allerdings weniger aktiven Vulkan im östlichen Mittelmeer.

terging und mit ihm seine hohe Kultur. Das Volk zerstreute sich, nachdem die Hafenstädte zerstört und die Paläste zerfallen waren. Nur in der Sage vom Minotaurus, dem schrecklichen, menschenfressenden Stier, der im labyrinthischen Palast des Königs Minos lebte, blieb eine schwache Erinnerung an jene Zeit durch die Jahrtausende lebendig.

Um 1900 entdeckte der englische Archäologe Sir Arthur Evans die Reste der großartigen Palastanlage von Knossos nahe der kretischen Nordküste. In 30 Ausgrabungsjahren legte er an den sanft abfallenden Hängen

Rekonstruierter Innenraum in Knossos

Rekonstruierte Vorhalle mit minoischen Säulen, die nach oben dicker werden (links). Eines der »Magazine« mit denselben großen Krügen, wie man sie auch in Akrotiri fand (rechts).

Von den Tempelbauten der Griechen (Poseidontempel auf Kap Sunion) trennen Knossos 1000 Jahre.

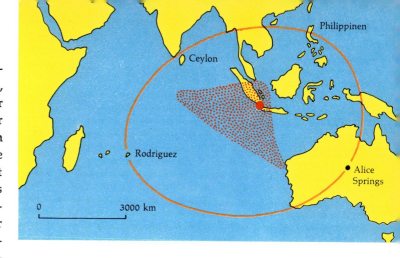

eines Hügels Säulenhallen und Heiligtümer, Wandelgänge, Balkone, Treppen und Lichthöfe, Vorratslager und Badeanlagen mit vorbildlicher Wasserversorgung und Kanalisation frei. Ein wahres Weltwunder breitete er vor der staunenden Menschheit aus und zog damit den Schleier des Vergessens zurück, der sich jahrtausendelang über die minoische Kultur gebreitet hatte. Doch mit der Entdeckung stellten sich viele neue Fragen. War Knossos ein Palastbezirk, oder eine Priester- und Totenstadt? Bis heute weiß man nicht mit Sicherheit, welche Rolle die Anlage wirklich spielte. Rätselhaft blieb auch der Untergang des mächtigen Reiches, denn nirgends fand man die Spuren bewaffneter Auseinandersetzungen mit einem Eroberer. Es liegt nahe, daß man nach anderen Ursachen für den Niedergang suchte: Seuchen, Hungersnöte, Naturkatastrophen, sogar den Ausbruch des Thera-Vulkans.

Doch was weiß man heute über diesen Ausbruch? Kam das Ende der runden Vulkaninsel Strongyle mit einer ungeheuren Explosion, die mit einem Schlag den Berg in die Luft sprengte und ein Riesenloch zurückließ, das heute vom Meer ausgefüllt ist, oder muß man sich die Ereignisse anders vorstellen? Für die erste Überlegung spricht eigentlich nichts, denn wäre es so gewesen, dann müßte man heute im Bims, der die Inseln bedeckt, auch die Trümmer des alten Vulkanbergs finden. Der Bims ist aber erstaunlich rein und besteht fast ausschließlich aus frisch ausgeworfenem Lockermaterial. Dabei handelte es sich um riesige Mengen. Man schätzt die gesamte Bimsmasse auf etwa 60 Kubikkilometer. Das ist so unvorstellbar viel, daß es auch wenig hilft, sich einen Bimsblock von 1 Ki-

lometer Höhe, 1 Kilometer Breite und 60 Kilometer Länge zu denken. Vielleicht wird das Ganze anschaulicher, wenn man sich vorstellt, daß diese Bimsmenge den Bodensee 130 Meter hoch bedecken würde.

Seit Menschengedenken gab es im europäischen Raum kein Naturereignis mehr, das sich mit dieser Katastrophe hätte messen können. Am ehesten vergleichbar ist der Ausbruch des Krakatao, eines Vulkans in der Sundastraße zwischen Sumatra und Java, gegen Ende des letzten Jahrhunderts. Seine Eruption scheint sogar in vielen Einzelheiten dem Ereignis von Thera zu entsprechen. Deshalb hier eine Schilderung des Krakataoausbruchs:

Am 27. August 1883 brachen nach 200jähriger Ruhe drei benachbarte Krater des Krakatao-Vulkans gleichzeitig aus. Die Detonationen hörte man im 3500 Kilometer entfernten Alice Springs in Zentralaustralien und selbst auf der Insel Rodriguez im Indischen Ozean in einer Entfernung von 4800 Kilometer. Die Kapitäne der Schiffe, die zufällig in der Nähe des Krakatao lagen, berichteten, daß eine Eruptionswolke aus vulkanischem Lockermaterial und Dampf bis 25 Kilometer hoch gestiegen sei. Feinste Aschenteilchen wurden sogar bis 80 Kilometer hoch in die Stratosphäre hinaufgetragen. Eine Stunde

Der Ausbruch des Krakatao war bis Alice Springs und Rodriguez zu hören. Schwimmender Bims wurde im rot getüpfelten Gebiet beobachtet.

nach dem Ausbruch lag das 160 Kilometer entfernte Djakarta in völliger Finsternis. 4 Tage später verdunkelte sich im japanischen Jokohama die Sonne. Jahre nachher noch waren die Sonnenuntergänge in Europa blutrot, weil Staub vom Krakatao in der Luft lag.

Im Umkreis von 50 Kilometer um den

Der schwarze Obsidian ist ein vulkanisches Glas, der weiße Bims erstarrter vulkanischer Schaum. Wenn man Obsidian auf über 1000° C erhitzt, werden Gase frei, die ihn zu Bims aufblähen.

Vulkan regnete es Bimsstein. Auf dem Meer bildeten sich schwimmende Bimsinseln. Vulkanischer Staub senkte sich auf die Nachbarinseln ringsum.

Das grausige Ende für 36 000 Menschen kam, als das 800 Meter hohe Dach des Vulkans über der entleerten Magmakammer zusammenbrach und ein Seebeben eine riesige Flutwelle auslöste. Bis zu 36 Meter hoch war die Front der Wasserwand, die den Küsten entlangraste, den Wald, die Pflanzungen, die Dörfer zerschlug und auf ihrem Weg zurück ins Meer alles mit sich fortriß. In 88 Kilometer Entfernung, am Vlakke-Hoek-Leuchtfeuer, war die Flutwelle immer noch 15 Meter hoch. Selbst an der Küste Ceylons kam sie noch mit einer Höhe von 2 bis 5 Meter an.

Man kann die Energie eines Vulkanausbruchs einigermaßen berechnen, wenn man die bewegten Gesteins- und Wassermassen zugrunde legt. Für den Krakatao kam man auf eine Ausbruchsenergie von 200 Billionen Kilowattstunden. Das entspricht der Energie von 400 Wasserstoffbomben. Ganz ähnlich wie den Krakatao-Ausbruch muß man sich wohl auch die

vulkanische Katastrophe von Thera vorstellen. Nur, der Einsturzkessel der Mittelmeerinsel ist viermal größer als der des Krakatao, auch die Bimsablagerungen auf Santorin sind unvergleichlich mächtiger. Alles spricht also dafür, daß der Thera-Ausbruch erheblich stärker war, als der des Krakatao.

Wahrscheinlich bahnte sich die Katastrophe von Thera mit einer Serie von Erdbeben an. Dafür sprechen die Zerstörungen in Alt-Akrotiri. Dann kam ein erster, gewaltiger Bimswurf, der die unterste, rötliche Bimslage brachte. Vielleicht war dann eine Weile Ruhe, bis erneut, diesmal aber nur kleinere Bimsausbrüche folgten. Zum Schluß der ganzen Serie entwickelte sich ein riesiger Ausbruch, der schließlich die alte Insel völlig vernichtete. Vielleicht räumte eine Explosion den verstopften Schlot und leitete damit die ungeheure Bimsentladung ein. Wenn eine Sprudelflasche schlagartig geöffnet wird, tritt unter der plötzlichen Druckentlastung das im Wasser gelöste Gas aus und bildet überall gleichzeitig Bläschen. Der Flascheninhalt verwandelt sich in Schaum und reißt einen großen Teil der Flüssigkeit mit dem Gas zusammen durch den Flaschenhals nach außen. – Wenn ein Vulkanschlot schlagartig geöffnet wird, spielt sich im heißen Magma etwas ganz Entsprechendes ab. Gasblasen bilden sich. Das glutflüssige Gestein, in dem die Gase unter Druck gelöst waren, schäumt auf. Wenn das Magma sehr dünnflüssig ist, können die Gasblasen entweichen. Wenn es aber viel Kieselsäure enthält, wie die Bimslava von Santorin, und dadurch ziemlich zäh ist, bleibt ein großer Teil der Gasblasen im Glutfluß gefangen. Dann entsteht Lavaschaum, eben Bims. Unter dem Druck der Gasmassen wird der zähe Ge-

steinsschaum aus dem Schlot geblasen. Er zerspritzt zu Fetzen, Krümel und Staub und erstarrt rasch.

In einem mehr oder weniger großen Umkreis vom Krater regnet es dann Bims. Die Ausdehnung der Bimswürfe des Thera-Vulkans kennt man ziemlich genau, seit nach dem Zweiten Weltkrieg Forschungsschiffe das östliche Mittelmeer untersucht haben und viele Bohrkerne aus Tiefseeboden heraufholten. Die Karte auf dieser Seite zeigt die Verbreitung des Thera-Bims auf dem Meeresboden im östlichen Mittelmeer.

Soweit leuchtet alles ganz gut ein, nur fällt es schwer, sich vorzustellen, wie lange der Ausbruch auch bei großem Schlot und starker Förderung gedauert haben muß, bis eine Decke von 60 Meter Bims zusammenkam: Jahre! Dagegen spricht vieles, vor allem die gleichförmige Zusammensetzung des Materials, denn man kann sich einfach nicht vorstellen, daß Bims über lange Zeit mit solcher Gleichmäßigkeit gefördert wurde.

Wie aber ist der Widerspruch zu klären? Zunächst steht man vor einem Rätsel, jedoch gibt es einen Ausbruchstyp, der unter anderem auch für die gewaltigen Bimsvorkommen in der Mitte der neuseeländischen Nordinsel verantwortlich ist, er kommt allerdings nur bei explosiven Vulkanen vor: der Glutwolkenausbruch! Solche Glutwolken können in verhältnismäßig kurzer Zeit ungeheure Bimsmengen liefern. Sie entstehen, wenn die Gasmassen den Glutfluß im Schlot völlig in kleine Bimssplitter und Bimstropfen zerlegen, die, zusammen mit einigen größeren Brocken, in den gespannten, heißen Gasen regelrecht schwimmen. Dieses glutheiße Gemisch, das nun plötzlich im Gegensatz zur zähflüssigen, sauren Lava äußerst beweglich

ist, quillt rasch und in großen Mengen aus dem Krater. Weil aber nun die mit flüssigen und festen Lavateilchen beladene Wolke sehr schwer ist, flutet sie wie eine Staublawine hangabwärts, breitet sich aus und lädt ihren glühenden Inhalt ab.

Im rot getüpfelten Gebiet wurde Bims des großen Thera-Ausbruchs gefunden.

Minoischer Stier-springer

Die Entwicklung von Thera. Oben: Die ziemlich runde Insel zeichnet sich durch eine Reihe von Kratern aus. Der Berg rechts im Bild, heute Prophitis Elias genannt, ist kein Vulkan, sondern ein Rest der alten Landmasse. Mitte: Nach dem katastrophalen Ausbruch, ungefähr 1450 v. Chr., war die Magma-Kammer so erschöpft, daß das Vulkandach nachsackte. Ein Einbruchskessel, eine Caldera, entstand. Die vulkanische Kraft von Santorin war damit nicht erschöpft. Unten: Erneut entwickelte sich aus der Tiefe der Caldera ein Zentralvulkan mit einer Reihe von Kratern.

Das Ende des gewaltigen Ausbruchs kündigte sich an: Der Magmaherd war durch den Materialverlust völlig erschöpft. Das Dach des Vulkans verlor seine Stütze und sackte in sich zusammen. Wo einst ein 1000 Meter hoher, oder vielleicht noch höherer Vulkanberg mit einer Reihe von Schloten lag, dehnt sich heute die Binnensee der Santoringruppe. Das nördliche Becken ist über 400 Meter tief, das südliche Becken bringt es im Westen auch auf über 300 Meter Meerestiefe. Die Wände des Einbruchskessels steigen noch einmal 250 Meter hoch über den Meeresspiegel auf. 11 Kilometer von Nord nach Süd und 7 Kilometer von West nach Ost mißt der Einsturzkrater. 83 Quadratkilometer beträgt seine Fläche. Beim Krakatao sind es im Vergleich dazu »nur« 22 Quadratkilometer.

Strongyle, die »Wohlgerundete« gab es nach dem Ausbruch nicht mehr. Ihre Reste bedeckte das Leichentuch aus Bims. Aber auch für die Inselwelt ringsum muß der Thera-Ausbruch katastrophale Folgen gehabt haben. Zwar gibt es keine schriftlichen Aufzeichnungen über die verheerende Eruption, aber die geologischen Zeugnisse, die man auf Santorin, den Inseln ringsum und auf dem Meeresboden gefunden hat, sprechen für sich.

Natürlich wird mancher Zweifel laut, denn die Deutung der Spuren beansprucht das menschliche Vorstellungsvermögen über das normale Maß hinaus. Trotzdem seien die Gedankengänge vorgetragen:

Eingeschwemmten Bims von Thera fand man auf der 28 Kilometer östlich gelegenen Insel Anaphi, 1650 Meter von der Küste entfernt, in 250 Meter Höhe. War es eine Flutwelle, die den Bims dorthin beförderte? Es fällt schwer, andere Kräfte dafür verantwortlich zu machen. Auch an der Küste Israels, nördlich von Tel Aviv, entdeckte man, 5 Meter über dem Meer, Bimsstein aus dem großen Ausbruch von Santorin. Offenbar hat jene Flutwelle das ganze Mittelmeer durchmessen und sich selbst an entfernten Küsten noch ausgetobt. Vernichtend war allem Anschein nach ihre Wirkung auf die Nordküste von Kreta. Auch dort fand Spyridon Marinatos, bei Grabungen im Trümmerfeld von Amnisos, der Hafenstadt des alten Knossos, Bimsablagerungen vom Thera-Vulkan. Große Steinquader lagen daneben, wie von Riesenhand aus ihrer ursprünglichen Lage herausgerissen.

Nach Ansicht der Archäologen wurden Amnisos und andere minoische Siedlungen, auch eine Reihe prächtiger Paläste und Landsitze, im 15. Jahrhundert v. Chr. zerstört. Danach erholten sie sich nicht mehr. Auch Alt-Akrotiri, die minoische Siedlung auf Thera, wurde im 15. Jahrhundert v. Chr. verschüttet. Das legen nicht nur die archäologischen Befunde nahe, sondern mit ausreichender Sicherheit auch die Ergebnisse der physikalischen Altersbestimmung von Holzstückchen, die man unter dem untersten Bims fand. Aus dem Verhältnis des radioaktiven Kohlenstoffs C_{14} zum normalen Kohlenstoff C_{12} kann man das Alter von Holz, Leder, Knochen und anderem organischem Material recht genau feststellen. Je älter nämlich ein Holzstück ist, um so geringer ist sein Anteil an radioaktivem Kohlenstoff, weil dieser im Laufe der Zeit zerfällt. Für den Thera-Ausbruch kam man auf ein Alter von 1450 Jahren v. Chr. mit einer möglichen Abweichung von 100 Jahren hin oder her. Wenn auch die Altersbestimmung der Archäologen und

1500 v. Chr.

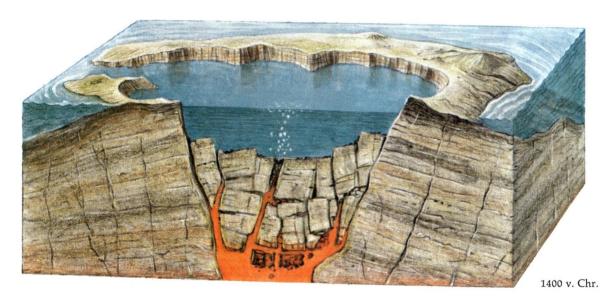

1400 v. Chr.

1939 n. Chr.

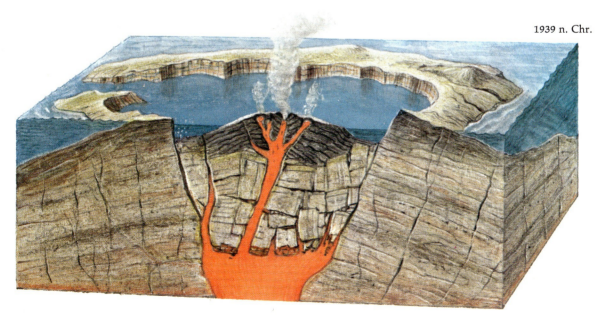

Schematischer Schnitt
durch die Bimswand
von Phira. (Höhe etwa
30 m). Siehe dazu
Seiten 47 und 48.

0

1

2

3

4

5 m

der Physiker nicht ganz exakt ist, so fällt es doch schwer, den Ausbruch des Thera-Vulkans und den Untergang der minoischen Städte nicht in einen engeren Zusammenhang zu bringen. Nach allem, was vom Krakatao bekannt ist, kann an den verheerenden Folgen einer vulkanischen Katastrophe dieser Größenordnung nicht gezweifelt werden.

Mindestens 10 Zentimeter hoch dürfte die Asche Kretas Felder und Wiesen bedeckt haben, und das wahrscheinlich im Sommer, wo kein Regen dafür sorgte, daß die Aschenlagen fortgespült wurden. Woher man das weiß? Die Dicke und die Ausdehnung der Ascheablagerungen auf dem Meeresgrund wurde durch das amerikanische Bohrschiff »Glomar Challenger« bekannt. Ein schlankes Oval erstreckt sich von Nordwesten nach Südosten. Diese Windrichtung herrscht im Sommer im östlichen Mittelmeer vor. Auch heute noch!

Zur Asche kam die Flutwelle. Kein Volk hätte sie schlimmer treffen können als die Minoer, deren Stärke ganz und gar von der Flotte abhing und deren wichtigste Siedlungen fast durchweg am Meer lagen. Erstaunlicherweise blieb der Palastbezirk von Knossos fast unbeschädigt. Das liegt vielleicht daran, daß sich die Flutwelle an einer vorgelagerten Insel brach. Auch in den Sagen der Griechen entdeckt man bei genauerem Hinschauen manchen Hinweis auf die Katastrophe. Da wird von Deukalion berichtet, dem Sohn des Titanen Prometheus und einer Titanentochter, die Zeus durch eine Flut vernichten will. Deukalion wird von seinem Vater gewarnt. Er baut sich ein Schiff und überlebt die verheerende Flut, die gans Hellas, alle seine Inseln und alle Küsten bis Sizilien, heimsucht. Von Poseidon wird berichtet, dem Mee-

resgott, dem Erderschütterer, der einen Stier aus dem Meer, den schrecklichen Minotaurus, zu König Minos nach Kreta schickt. Großes Unheil bringt dieses Meeresungeheuer über das Land. Auch der alte Bericht von der sagenhaften Insel Atlantis und ihren reichen und kunstfertigen Bewohnern legt einen Zusammenhang mit dem Thera-Ausbruch nahe, vor allem ihr Untergang, von dem es heißt:

»Doch später ereigneten sich gewaltige Erdbeben und Flutkatastrophen, in einem einzigen Tag und einer einzigen Nacht voller Schrecken . . . verschwand . . . Atlantis in der Tiefe des Meeres.«

Sicher ist vieles am Atlantis-Bericht frei erfunden, manches aus anderen Ereignissen und Erzählungen hinzugenommen. Merkwürdig ist es aber dennoch, daß so vieles in dieser Sage mit dem Schicksal des alten Kreta übereinstimmt: Eine große Insel fern im Westen wird erwähnt. Das ist von Ägypten aus gesehen viel eher Kreta, als eine Insel im Atlantik oder gar in der Nordsee. Da wird von Häfen mit einem Gewimmel von Schiffen berichtet, von Stieren im Heiligtum des Poseidon. Das alles trifft am ehesten auf das Reich der Minoer zu, die für ihren Stierkult berühmt und berüchtigt waren.

Daß Thera selbst Atlantis war, ist ziemlich unwahrscheinlich, auch wenn der Athener Seismologe Galanopoulos, ein hervorragender Kenner der Insel, diesen Gedanken in Erwägung zieht. J. V. Luce und andere schließen: Als Zentrum eines großen Staates, als kultureller Mittelpunkt, war Thera auch vor der Zerstörung zu klein. Wenn man schon Minoer- und Atlanterreich gleichsetzt, dann muß auch die reiche Mutterinsel Kreta das alte Atlantis gewesen sein.

Blick auf Phira

Doch nicht nur mit dem Untergang der minoisch-atlantischen Kultur bringt man den Santorin-Ausbruch in Verbindung. J. G. Bennet sieht Zusammenhänge mit den ägyptischen Plagen, von denen uns die Bibel berichtet.

I. Velikovsky weist vor allem auf die Ereignisse beim Durchzug der Kinder Israel durch das Schilfmeer hin. Auch wenn man sehr skeptisch ist, so lassen sich doch Parallelen aufzeigen, die verblüffend sind. Auch ein zeitlicher Zusammenhang ist nicht auszuschließen, denn neuere Untersuchungen, vor allem von Professor P. Bratsiotis kommen zum Ergebnis, daß der Auszug der Kinder Israel zur Zeit des Pharao Amenophis II. um 1450 v. Chr. stattfand.

Es soll nun bei aller Skepsis der Versuch unternommen werden, den biblischen Bericht aus dem 2. Buch Mose und die Ereignisse des Thera-Ausbruchs aufeinander zu beziehen:

1. Plage: Das Wasser im Nil wird in Blut verwandelt. Die Fische sterben. Das Wasser verdirbt. Grundwasser wird gegraben. Im ganzen Ägyptenland ist Blut.

Erklärungsversuch: Rötlicher Bimsstaub aus der ersten Phase der Eruption wurde nach Ägypten getragen. Er färbte das Wasser. Der Bimsstaub verdarb das Wasser.

2. Plage: Frösche steigen aus dem Nil

57

und dringen in die Häuser der Ägypter.

Erklärungsversuch: Der Bimsstaub und die löslichen Bestandteile der Asche brachten die Frösche dazu, das Wasser zu verlassen. Man kann sich auch denken, daß die natürlichen Feinde der Frösche, vor allem die Vögel, aus der Gefahrenzone nach Süden abgewandert waren.

3. Plage: Stechmücken treten auf.

Erklärungsversuch: Nachdem auch viele Fische und Frösche durch den Aschenfall umgekommen waren, vermehrten sich die Stechmücken im warmen Wasser ungehemmt. Dazu kommt, daß der Ausbruch wahrscheinlich im Sommer erfolgte, zu dieser Zeit war früher das ägyptische Tiefland zum größten Teil überschwemmt. Damit boten sich für eine Massenvermehrung von Stechmücken ideale Voraussetzungen.

4. Plage: Stechfliegen treten auf.

Erklärungsversuch: Die Verminderung der natürlichen Feinde führte auch bei anderen Schadinsekten zu ungewöhnlicher Zunahme.

5. Plage: Eine Viehpest tritt auf. Pferde, Esel, Kamele, Rinder und Schafe sterben.

Erklärungsversuch: Der Aschenfall selbst, das verdorbene Trinkwasser, aber auch die Zunahme krankheitsübertragender Insekten kann dafür verantwortlich sein. Der Begriff »Pest« sollte nicht wörtlich genommen werden.

6. Plage: Ansteckende Krankheiten treten auf.

Erklärungsversuch: Ob mit bösen Blattern Pocken gemeint sind, ist schwer zu sagen, daß aber als Folge der Massenvermehrung blutsaugender Insekten und des Viehsterbens neue Seuchen auftreten, ist verständlich.

7. Plage: Schwere Gewitterstürme bringen Wolkenbrüche und Hagel.

Erklärungsversuch: Die vulkanischen Staubpartikel führen in großer Höhe zur Bildung von Eiskristallen und Eiskörnchen, die ihrerseits wiederum Hagel und Gewitter verursachen. Als Begleiterscheinung vulkanischer Ereignisse ist dies keineswegs ungewöhnlich. Für das subtropische und trockene Ägypten aber kommt ein solches Ereignis einer Gottesstrafe gleich.

8. Plage: Heuschrecken fressen alles kahl, was der Hagel übrig gelassen hat.

Erklärungsversuch: Ein direkter Zusammenhang mit den anderen Ereignissen ist nicht von vornherein gegeben. Man kann sich aber denken, daß auch die Heuschreckenschwärme durch den Aschenfall zur Wanderung gezwungen wurden und sich am Ende auf alles übriggebliebene Grün stürzten.

9. Plage: Eine dicke Finsternis breitet sich drei Tage lang in ganz Ägyptenland aus.

Erklärungsversuch: Bemerkenswert ist, daß in der Bibel von »dicker« Finsternis gesprochen wird. Ein Zusammenhang mit vulkanischem Staub liegt nahe. Es kann sich um eine Auswirkung des letzten, großen Bimsausbruches gehandelt haben.

10. Plage: Die Erstgeburt aller Menschen und aller Haustiere wird getötet.

Erklärungsversuch: Ob diese Heimsuchung der Ägypter mit den vulkanischen Ereignissen noch in Zusammenhang gebracht werden kann, ist fraglich. Man könnte sich natürlich vorstellen, daß Kinder und Jungtiere besonders hart von den Folgen der Ereignisse betroffen wurden. Die besondere Bedeutung, die man im Orient der Erstgeburt zumißt, läßt es für uns verständlich werden, daß man besonders ihren Tod betrauert. »Als die Israeliten unter der Führung von Mose endlich auswandern durften, zog der HERR vor ihnen her, am Tage in einer Wolkensäule und bei Nacht in einer Feuersäule.«

Selbst über diese Bibelstelle kann man im Zusammenhang mit dem Santorinausbruch nachdenken:

Daß die höchsten, in der Stratosphäre aufsteigenden Ascheteilchen der Eruptionswolke hoch über dem heutigen Israel zur Wolkenbildung geführt haben könnten, ist zumindest nicht auszuschließen, denn die Verteilung der Aschenablagerungen im Meer hat einen langgezogenen eiförmigen Umriß, dessen Spitze auf die Küste Palästinas weist. Wer etwas Mut hat, kann die Feuersäule mit leuchtenden Nachtwolken erklären, wie sie in der hohen Stratosphäre auch nach dem Ausbruch des Krakatao zu beobachten waren.

Bleibt als letztes Ereignis in dieser Reihe noch der wunderbare Durchzug der flüchtenden Israeliten durch das Schilfmeer, von dem man nach neueren Untersuchungen annehmen darf, daß es sich um eine Lagune in der Nähe des heutigen Ortes El Aresch handelte. Bei Mose 2 liest man:

Nea Kaimeni in Tätigkeit (September 1939)

»Als nun Mose seine Hand über das Meer reckte, ließ es der HERR zurückweichen durch einen starken Ostwind die ganze Nacht und machte das Meer trocken und die Wasser teilten sich und die Kinder Israel gingen hinein mitten ins Meer auf dem Trockenen und das Wasser war ihnen eine Mauer zur Rechten und zur Linken.

Und die Ägypter folgten und gingen hinein ihnen nach ... und das Wasser kam wieder und bedeckte Wagen und Männer und das ganze Heer des Pharao, das ihnen nachgefolgt war ins Meer, so daß nicht einer von ihnen übrig blieb.«

Ob sich die Ereignisse so kurz hintereinander und an ein und derselben Stelle in genau der beschriebenen Weise entwickelten, läßt sich heute kaum mehr feststellen. Darauf

Blick auf Nea Kaimeni (September 1969)

kommt es letzten Endes auch nicht an. Interessanter und wichtiger ist es, daß die Wirkungsweise einer Flutwelle, gleichviel, ob sie nun von Seebeben oder Vulkanausbrüchen ausgelöst wurde, völlig zutreffend beschrieben wurde. Bevor sich nämlich die Wellenfront der Küste nähert, zieht sich das Wasser vom Strand zurück. Je höher die Welle ist, um so mehr. Erst danach brandet die gewaltige Woge gegen den Strand, erhebt sich, bildet eine haushohe Wand, bricht mit zerstörender Wucht über die Küste herein und reißt schließlich beim Rückzug ins Meer alles mit sich fort.

Wenn es auch denkbar ist, daß die israelitischen Priester nicht in jeder Einzelheit dem genauen Ablauf der Ereignisse folgten, so darf man doch annehmen, daß ihnen viel daran gelegen war, das Wirken Gottes, so wie sie es sahen, möglichst unverfälscht festzuhalten. Der Ablauf der Geschehnisse in Ägypten ergibt in der Tat ein Bild, das den Ereignissen am Thera-Vulkan entsprechen könnte. Ob die Flutwelle nun die Folge eines einbrechenden Vulkandaches war, oder ob ein Seebeben einerseits eine

Flutwelle auslöste und andererseits das Dach zum Einsturz brachte, ist ziemlich unerheblich. Auffallend ist nur, daß in der Bibel und auf Thera die Reihe der ungewöhnlichen Geschehnisse damit ein Ende hat.

Das weitere Schicksal von Santorin sei in kurzen Zügen vollends dargestellt: Die Ruhe im Krater dauerte sehr lange; erst 197 v. Chr., also nach mehr als 1000 Jahren, erhob sich wieder ein neuer Vulkan aus der Mitte der Binnensee, das heutige Palea Kaimeni, das »Alte Feuerland«. Ein heftiger Ausbruch ereignete sich 726 n. Chr., 1750 tauchte eine zweite Insel, Mikra Kaimeni, das »Kleine Feuerland« auf, 1704 entstand in 4-jähriger Ausbruchstätigkeit die 80 Meter hohe Nea Kaimeni, das »Neue Feuerland«. Dann war wieder Ruhe, bis im Jahre 1866 an der Südostseite von Nea Kaimeni zähflüssiges Magma wie ein großer Walrücken aus dem Meer auftauchte und eine Staukuppe von 126 Meter Höhe bildete. 1925 verschweißte ein großer Lavaerguß Nea mit Mikra Kaimeni. Neue Ausbrüche, die 1926 endeten, hinterließen eine Reihe kleiner Explosionskrater und Kratereinstürze, die man heute noch sehen kann. 1938 meldete sich der Vulkan wieder, und noch einmal 1941. Zuletzt erhob sich die weiße Wolke vom Frühjahr 1950 bis zum Februar 1951 über der schwarzen Kraterinsel.

Seither kann man zwar an den heißen Stellen im Inneren der schwarzen Insel noch Eier braten, man kann auch die Schwefelkristalle bewundern, die sich an einigen Dampfspalten bilden, sonst aber gibt sich der Vulkan wenigstens äußerlich ruhig. Dennoch wirkt er dunkel und trostlos. Darüber können auch die paar Grasbüschel, die sich zwischen den Lavabrocken angesiedelt haben, und der

Die »Reittreppe« von Phira, die berühmte Skala, führt vom Hafen herauf zur Stadt.

einzige Feigenbaum am Strand nicht hinwegtäuschen.

Wie lange der Baum stehen wird, kann niemand sagen, denn die Kräfte, die heute dabei sind, den zentralen Berg aus der Mitte der Binnensee heraus wieder aufzubauen, sind dieselben, die einst die runde Insel Strongyle Schicht um Schicht aufgebaut hatten. Doch bis es so weit ist, daß wieder eine einzige, wohlgerundete Insel das Meer bedeckt, vergehen Jahrtausende. Noch liegt zwischen den dunklen Kratern von Kaimeni und den Steilabstürzen des Riesenkraters das tiefe, blaue Meer.

Feuchte Hitze herrscht im windstillen Kessel. Ein Geruch nach Fisch, Teer und Pferden hängt über dem kleinen Hafen. Mulihufe klappern an der Ecke. Geduldig stehen die Tiere im Schatten der wenigen Häuser und warten auf die nächste Last. Genommen wird was kommt: ein alter Schrank, Kisten mit Tomaten, leere Weinflaschen, Fahrräder, Touristen.

Auf den breiten Packsesseln der Mulis und Esel sitzen die modernen Eroberer, mehr Sancho Pansa und Don Quichotte, als stolze Ritter. An zahllosen Lava- und Aschenlagen führt ihr Weg vorbei. Auf der Skala, der berühmten Reittreppe von Santorin, klettern die geduldigen Tiere in Serpentinen nach oben, vorbei an den Zeugnissen vergangener Vulkantätigkeit bis hinauf an die Kante der Inselsichel. Dort hält der Zug. Der Blick schweift hinüber zur Gegeninsel Therasia, zur kleinen, bimsgekrönten Aspronisi, bleibt im Schachtelwerk der blendend weißen Häuser, der Terrassen und Vorgärten hängen und steigt endlich hinauf zu den Kuppeln und Glocken der Kirchen, die im goldenen Abendlicht glühen. Heiter und unbefangen, und doch auch ernst und streng zugleich, das

ist Phira, die kühne, weiße Stadt am Kraterrand. Am Wege liegen die Trümmer eines älteren, noch schöneren Phira. Alle, die es kannten, rühmen es wie einen morgenländischen Traum.

Doch das Ende kam schnell: Am 9. Juli 1956 wurde die alte Stadt in 45 Sekunden von einem Erdbeben zu Tode geschüttelt. 2000 Häuser brachen in sich zusammen. Juwelen handwerklicher Baukunst, für immer verloren. 200 Verwundete waren zu beklagen und 48 Tote.

Auf die Zerstörung folgte der Aufbau mit neuen, technisch besseren Mitteln. An die Stelle der althergebrachten Mörtelbauweise trat Stahlbeton, und das zu Recht, denn das einzige Gebäude, das die Erdstöße von 1956 überstand, war das moderne, aus Stahlbeton gebaute Hotel »Atlantis«.

Zerstörung und Aufbau, Vernichtung und immer wieder neues Leben. Wann wird auf Santorin die Ruhe einkehren? Kein Mensch weiß es, und im täglichen Leben denkt auch keiner daran. Die Sonne strahlt, das Blau des Himmels und der See leuchtet. Freut euch des Lebens! Und doch, die Schatten lassen sich nicht wegwischen. Es ist kein Zufall, daß es auf dieser Insel so viele Kirchen gibt, daß die Menschen von Thera zwar gelassen, aber gläubig sind.

Dächer, Treppen und Gärten in Phira

Whakarewarewa —
Maoridorf im Geysirland

Land des heißen Wassers, Takiwa-Waiariki, nennen die Leute des Arawastammes das Gebiet rings um den Rotoruasee im Nordosten der Nordinsel von Neuseeland. Klangvoll und bilderreich ist die Sprache der Maoris, die zum großen polynesischen Volk gehören, das vor etwa 6600 Jahren die zahllosen Inseln in der Mitte des Pazifik besiedelte, und mit seinen Kanus bis nach Hawaii im Norden, der Osterinsel im Osten, und Neuseeland im Süden vorstieß. Im 14. Jahrhundert erreichte eine größere Einwandererwelle die Nordinsel Neuseelands. Der Sage nach landeten 5 große Kanus: Tainui, Te Arawa, Takitimu, Mataatua und Aotea genannt, in der Nordostbucht, der heutigen Bay of Plenty.

Die Leute vom Arawa-Kanu zogen in das zentrale Hochland. Dort lernten sie eine neue, fremde Welt kennen, die sich mit nichts vergleichen ließ, was ihnen aus ihrer tropischen Inselheimat bekannt war: Hohe, schneebedeckte Berge, an deren Gipfel Feuer zuckte und Rauch aufstieg, fischreiche Seen und geheimnisvolle Bäche mit warmem Wasser, die von geisterhaft dampfenden, heißen Quellen gespeist wurden.

Wie die Heimat aller Götter und Dämonen muß diese Landschaft den

Maoris vorgekommen sein. Wie anders sollten sie die wallenden Dämpfe, das Gurgeln und dumpfe Brodeln der warmen Quellen, die röhrenden, heulenden Geysire, die zischenden Dampfspalten und die tobenden Schlammtöpfe sonst auch verstehen? Und doch hielten sie sich bei allem Respekt vor den ungewohnten Naturerscheinungen nicht fern von ihnen, sondern bauten ihre Hütten auf dem warmen, geheizten Boden, badeten in den dampfenden Teichen, kochten ihr Essen in der siedenden Hitze der Erde. Man kann sich gut vorstellen, daß die Polynesier, die

Bild links: Vor den dampfenden Quellen von Whakarewarewa steht dieser gespenstische Wächter.

Bevor die Maoris Neuseeland in der Bay of Plenty erreichten, lebten dort schon die ebenfalls polynesischen Moa-Jäger von der Jagd auf den fluguntüchtigen Riesenstrauß. Die roten Punkte kennzeichnen ihre Rastplätze.

aus tropischen Gefilden kamen, froh waren über diese Gabe der Götter.

Über 4 Jahrhunderte konnten die Maoris ihre eigene Kultur weiterentwickeln, vor allem auch ihre hervorragenden handwerklichen Fertigkeiten. Friedlich verlief ihr Leben allerdings nicht, denn die einzelnen Stämme lagen sich fast ständig in den Haaren.

Ob die Maoris das erste europäische Segelschiff, das unter der Küste von Neuseeland kreuzte, bemerkten, weiß man nicht. Abel Tasman, der holländische Seefahrer, entdeckte zwar die Inseln, landete aber nicht. Captain Cook, der große englische Entdeckungsreisende, ging 1769 an Land. Er brachte nicht nur Bilder von den Maoris und ihren befestigten Bergdörfern, der Pflanzen- und Tierwelt Neuseelands mit nach Hause, sondern auch die ersten Karten der beiden Inseln mit der Meerenge, die heute seinen Namen trägt. 1840 kam Neuseeland unter die englische Kro-

Springender Geysir bei Whakarewarewa

Kaum eines der zahlreichen Hotels und Motels in der Stadt ist ohne ein eigenes Thermalschwimmbad. Das ist wunderschön, solange die gastlichen Häuser den nötigen Abstand zu den großen, natürlichen Heißwasserquellen am Waldrand bei Whakarewarewa halten.

In Whakarewarewa wird die alte Zeit lebendig. Dort, am Südrand der Stadt, am Ufer des warmen Puarengaflusses, stehen die Häuser der Maoris auch heute noch zwischen den dampfenden Quellen. Eine Brücke führt über den Fluß nach Whakarewarewa. Selbst im August, mitten im Südwinter, ist der Tag warm. Die braunhäutigen Maori-Jungen, die auf

James Cook betrat im Jahr 1769 als erster Europäer Neuseeland.

ne. Damit setzte auch die planmäßige Besiedlung durch Weiße ein. Kämpfe zwischen den alteingesessenen Maoris und den Neuankömmlingen waren anfangs die Regel. Erst vor 100 Jahren wurden die Feindseligkeiten beendet. Heute leben die beiden Rassen friedlich und völlig gleichberechtigt miteinander.

Es gibt etwa 200 000 Maoris in Neuseeland, das entspricht einem Bevölkerungsanteil von 8 Prozent. Kein Beruf, in dem die intelligenten und geschickten Maoris nicht Fuß gefaßt haben. Trotzdem versuchen sie, ihre alten Bräuche zu erhalten und ziehen meist das unbeschwertere Leben in kleineren Siedlungen der Hetze in der Großstadt vor.

Wo sich heute Rotorua, der aufstrebende Kurort am Südufer des runden Rotoruasees dehnt, war noch vor wenigen Jahrzehnten offenes Land. Nur zwei kleine Maoridörfer gab es damals im Bereich der heißen Quellen. Auch die weißen Siedler nützten von Anfang an das heiße Wasser aus. Viele Häuser werden damit geheizt.

Karte links oben: Eine aktive Vulkanzone erstreckt sich bis in die Mitte der neuseeländischen Nordinsel.

Maori-Schnitzerei an einem Versammlungshaus in Whakarewarewa

Der flugunfähige Kiwi, das Wappentier Neuseelands, und das Schiff James Cooks, die »Endeavour«, schmücken Münzen des Landes.

Am Ende seiner Eruption bringt der Geysir den heißesten Dampf.

Bilder unten: Blick auf Rotorua mit dem See (links). Maori-Kinder sind technisch interessiert. Der Autor bei Tonaufnahmen (rechts).

der Brücke stehen, springen in den warmen Fluß hinab, tauchen nach Geldstücken, liebenswürdig, lachend, mit offensichtlichem Vergnügen und ohne irgend jemandem auf die Nerven zu gehen.

Ein Fußweg führt zwischen den Häusern hindurch, an vielen rot gestrichenen Holzfiguren vorbei, die zwischen den wallenden Dampfschwaden, die aus vielen Löchern und Spalten aufsteigen, gespenstisches Leben bekommen. Dämonen sind es, kriegerische Geister mit gebleckten Zähnen und aufgerissenen, weißen Augen. Die Gesichter sind tätowiert, so wie es einst bei den Maoris Sitte war. Viele tragen eine Holzkeule, schneiden scheußliche Fratzen und hängen die Zunge bis zum Hals aus dem Maul.

Auch die tapferen Krieger vom «Dorf des Kriegstanzes» — nichts anderes heißt nämlich Whakarewarewa — haben einst ihre Feinde mit Tanz und schrillen Schreien zu erschrecken und einzuschüchtern versucht und ganz sicher sich selbst auch ein wenig Mut gemacht, wenn sie furchterregende Grimassen schnitten und den überlegenen Feuerwaffen die Zunge herausstreckten. Vielleicht lief einst den Maoris vor der Schlacht auch das Wasser im Munde zusammen, denn Kostverächter waren die alten Menschenfresser nicht.

Heute ist Whakarewarewa denkbar friedlich. Viele seiner Bewohner leben vom wachsenden Fremdenverkehr, denn hinter den letzten Häusern beginnt das Geysirland. Auf einem Spaltensystem am Südrand des vulkanischen Kessels von Rotorua steigt erhitztes Wasser auf. Kein vulkanisches Wasser, das aus seinen Elementen in großer Tiefe entsteht, sondern eben erhitztes Grundwasser. Ein wenig Kohlensäure jedoch und Schwefelwasserstoff, auch Spuren anderer Gase, liefert der schlafende Vulkan in der Tiefe dazu. Ein fader Geruch nach faulen Eiern liegt über der ganzen Stadt. Autobesitzer können ein Lied davon singen; es dauert nämlich nur ein paar Tage, bis sich die blitzenden Metallteile der Wagen mit einer stumpfen Sulfidschicht überziehen. Selbst goldene Eheringe erröten in der Schwefelluft.

Auf dem weißen Kieselsinter, den die heißen Quellen ablagern, bildet der gelbe Schwefel zierliche Muster. Heiße, überkochende Quelltöpfe mit dik-

ken Rändern, Schlammtümpel mit quellenden Blasen und fauchende Geysire, die, wie der Pohutu, ihr Wasser bis zu 30 Meter hoch schleudern, gibt es im Geysirland. Eine Stunde und länger schießt das kochendheiße, dampfende Wasser aus der Geysirröhre, heult und donnert, stampft wie ein D-Zug, rauscht wie ein Wasserfall. Über einen Buckel aus feingeripptem Sinter rinnt die heiße Flut zum Fluß hinunter. Ein zweiter Geysir, nur wenige Meter entfernt, beginnt zu husten, ein dritter schleudert seine Wassergarben hoch. Jeder pulsiert im eigenen Rhythmus. Als ein dampfendes Wasserspiel springen sie um die Wette und schießen baumstammdicke Strahlen in den Himmel.

Die Heißwasservorkommen im Vulkanhochland beschränken sich aber keineswegs auf die Schwächezone bei Whakarewarewa. Am Ostufer des Rotoruasees liegt das Heißwassergebiet Tikitere, von den Engländern Hell's Gate, Tor zur Hölle, genannt.

George Bernard Shaw, der das Vulkanhochland 1934 besucht hatte, meinte: »Tikitere, I think, is the most damnable place, I have ever visited and I would willingly have paid ten pounds, not to see it.« (»Tikitere, meine ich, ist der verdammenswerteste Platz, den ich jemals gesehen habe. Gerne hätte ich zehn Pfund bezahlt, um ihn nicht sehen zu müssen!«)

Sicher geht es noch vielen so, wie dem Dichter mit der scharfen Zunge, denn es ist unheimlich zu erleben, wie heiß und unsicher der Boden hier ist. Doch die schwach besaiteten Besucher werden sich beruhigen, wenn sie durch den herrlichen Baumfarnwald gehen, und die mehr aufs Praktische Eingestellten fassen spätestens wieder Zutrauen, wenn sie am Ausgang, in der Nähe des Kartenhäuschens, einen großen, stählernen Kochtrog entdecken, der von heißem Dampf durchströmt wird. Einige Stunden bleibt der Deckel zu, dann ist die Mahlzeit gedünstet.

»Fleisch kann man zarter überhaupt nicht zubereiten.« Das ist die Meinung sachkundiger Neuseeländer, die selbst das Hirschfilet zum Hochzeitsmahl in Tikitere garen lassen.

Südlich vom See liegt das Vulkangebiet des Tarawera. An den Ausläufern des 1100 Meter hohen Vulkanbergs, am Ufer des Rotomahanasees,

Kein Naturwunder ohne touristische Attraktionen!

Bilder unten: Die Zeiten ändern sich. Nun gibt es auch Maori-Figuren mit Hut (links). Der Rotoiti-See (rechts).

nern, oder richtiger gesagt, zu über-
sintern und zu inkrustieren; der Ab-
satz ist, wie bei den isländischen Quellen, Kieselsinter und der Abfluß des
Sprudels hat daraus am Abhang des
Hügels ein System von Terrassen gebildet, die weiß, wie aus Marmor ge-
hauen, einen phantastischen Anblick
gewähren, den keine Beschreibung
wiederzugeben vermag. Es ist, als ob
ein über Stufen stürzender Wasserfall plötzlich in Stein verwandelt wor-
den wäre.«

Der Ausbruch des Tarawera-Vulkans
am 10. Juni 1886 machte dieser
Schönheit mit einem Schlag ein Ende.
Erdbeben erschütterten das Gebiet. In
einer gewaltigen Eruption riß der

Bilder oben und Seite 69 oben: Schwefel-kristalle säumen die Dampfaustritte.

Bild rechts: Pohutu-Geysir während des Ausbruchs

Eruption des Waimangu (oben). Die Sinterter-rassen von Rotomahana (unten). Zwei histo-rische Fotos.

lagen einst die schönsten Sinterterrassen der Welt. Der deutsche Geologe in österreichischen Diensten, Fer-
dinand von Hochstetter, widmete ihnen in seiner Geologie Neuseelands
ein hinreißendes Kapitel:

»Dieser gewaltige, kochende Sprudel
mit seinen weit in den See hineinrei-
chenden Sinterterrassen ist das Wun-
derbarste unter den Wundern des
Rotomahana. Etwa 80 Fuß hoch über
dem See, an einem farnbewachsenen
Hügelhang, von welchem an zahlreichen, durch Eisenoxyd geröteten Stellen Wasserdämpfe entweichen, liegt
in einem kraterförmigen, nach der
Seeseite gegen Westen offenen Kessel mit steilen 30 bis 40 Fuß hohen,
rot zersetzten, tonigen Wänden das
große Hauptbassin des Sprudels. Es
ist 80 Fuß lang und 60 Fuß breit und
bis an den Rand gefüllt mit vollkom-
men klarem, durchsichtigem Wasser,
das in schneeweiß übersinterten Bek-
ken wunderschön blau erscheint, tür-
kisblau, oder wie das Blau mancher
Edelopale. Das Wasser besitzt in hohem Maße die Eigenschaft zu verstei-

Rücken des Berges mit einer 10 Kilometer langen Spalte auf und spie Feuer und Asche. Der Rotomahanasee verwandelte sich in ein Inferno aus explodierendem Dampf und Schlamm. Zwei Maoridörfer versanken mit allen Einwohnern in der Schlammflut. Unter dem Steinhagel und den zusammenbrechenden Häusern kamen in Wairoa 16 Menschen um. Auch in den darauffolgenden Jahren gab die Erde keine Ruhe. Schwere Dampfexplosionen sprengten eine Reihe von Kratern aus, die sich später mit Wasser füllten. Berühmt geworden ist vor allem ein Krater mit dem Namen Waimangu, das heißt Schwarzes Wasser. Auch heute noch wird er von vielen Touristen besucht. Um 1900 entstand mit dem Waimangu der größte Geysir, der je auf der Erde beobachtet wurde. 300 bis 400 Meter hoch schleuderte jede Eruption dieses Riesen Dampf, kochendes Wasser, Schlamm und Steine. Stundenlang erhob sich die donnernde Fontäne des schwarzen Wassers, bis sie schließlich in sich zusammensank, um nach 30 Stunden erneut aufzubrechen. 4 Jahre lang dauerte das Spiel. Heute liegt an der Stelle des größten Geysirs der Welt ein dampfender See.

Auch die anderen Explosionskrater, die in den Jahren danach entstanden, sind zur Zeit ruhig. Nur der Wind treibt flatternde Dampffahnen über das warme Wasser in den Sprengkesseln. Wärmeliebende Algen und Tiere haben sich eingestellt. Ein Bild des Friedens ringsum. Doch Frieden und Sicherheit sind schillernde Begriffe in einem Vulkanland, wie es die Mitte der neuseeländischen Nordinsel darstellt. Zu oft haben in den vergangenen Jahrtausenden schwere Ausbrüche das ganze Gebiet verheert. Vor 800 Jahren noch waren die Schlackenkegel tätig, die heute mitten in der Weltstadt Auckland liegen. Jeder Straßeneinschnitt im Vulkanhochland schneidet junge vulkanische Ablagerungen an, die mehrere hundert Meter mächtig sein können. Glutwolken setzten sie ab. Ignimbrit nannte der neuseeländische Geologe Professor G. Marshall dieses feuergeborene, bimsreiche, tuffartige Gestein. Schmelztuff wird es zu deutsch genannt. Verdächtig rund sind auch die Umrisse vieler Seen. Selbst die größten, Rotoruasee und Tauposee, sind vulkanisch entstandene Einbruchskessel, Folge schwerer Ausbrüche. Das weiß man in Neuseeland genau, doch man kann eben

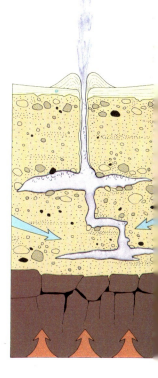

Schematischer Schnitt durch einen Geysir

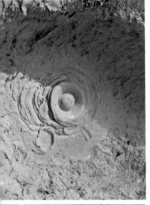

nicht ein Leben lang zittern vor dem, was vielleicht noch kommen könnte.

Der Rotomahanasee und die anderen Dampfkrater liegen durchweg auf dem verlängerten Spaltensystem des Tarawera. Zum Rainbow Mountain, dem Regenbogenberg weiter im Süden setzt sich das System fort. Auch das Geysirfeld von Waiotapu steht noch in Verbindung damit. In Waiotapu gibt es kochende Seen, weiße Sinterflächen, tiefe Sprengkessel mit heißen Dampflöchern, an denen bizarre Schwefelkristalle entstehen.

Ein braver Geysir, der jeden Morgen mit Seife zum Leben erweckt wird, liegt in der Nähe in einem stillen Waldtal, der »Lady Knox Geyser«. Der liebenswürdige Fremdenführer erklärt den aufmerksamen Zuhörern, was er mit dem Naturwunder vor hat. In einem Eimer hat er Seifenflocken mitgebracht, die er in die Spritzdüse des Geysirs schüttet: »Seife verringert die inneren Bindungskräfte des Wassers, und, wenn die Seifenlauge tief genug in die Röhre gesickert ist, dann ...!«

Mit einem langen Stab rührt der Meister der Lady im Geysirschacht und verteilt die Seife. Nach wenigen Minuten beginnt Lady Knox mäßig zu schäumen. Das sieht sich der Meister eine Weile mit an, dann legt er einen mitgebrachten Rupfensack auf die Öffnung und stopft ihn mit seinem Stab in den Kanal hinunter, um die Seife am Überschäumen zu hindern. Die Touristenschar zieht sich zur Beobachtung auf den Talrand zurück und wartet. Kameras beginnen zu surren, Belichtungszeiten werden ausgetauscht. Ein dumpfer Knall! Mit der hochschießenden Fontäne fliegt der Rupfensack durch die Luft: »Lady Knox is erupted!«

Ein silbriger Wasserstrahl, wie aus einem dicken Feuerwehrschlauch, steht eine halbe Stunde 10 bis 15 Meter hoch über dem weißen Sinterhydranten.

Lady Knox zischt, faucht und heult, wie es sich für einen Geysir ihrer Größe gehört. Im Sonnenlicht glitzert das springende Wasser. Ein Regenbogen steht zwischen den Tannen. Die Polaroid-Kameras klicken. Die Statisten werden naß, denn der Wind hat sich gedreht. Doch das Vergnügen ist allgemein.

Nach einer halben Stunde sinkt der Strahl mehr und mehr in sich zusammen, wird immer heißer und geht schließlich in reinen Dampf über. Diese Schlußphase vollzieht sich schon weitgehend unter Ausschluß der Öffentlichkeit, denn die Touristen sind weitergezogen zum nächsten Naturwunder, und die gibt es im Vulkanhochland in Hülle und Fülle.

Von Waiotapu aus sieht man in der Ferne eine gewaltige Dampfwolke aufsteigen. Auf der Fahrt nach Süden wird sie größer und größer. »Bore 204«, ein Bohrloch liegt dort, eines von vielen, die man im Gebiet von Wairakei niedergebracht hat, um ein riesiges, von vulkanischer Energie erhitztes Dampflager anzuzapfen. Bei Bohrloch 204 ging der Versuch daneben. Einen 70 Meter breiten und 20 Meter tiefen Krater sprengte der angezapfte Dampfkessel aus. Der ungezähmte Dampf entweicht jaulend unter hohem Druck und läßt den Boden erzittern!

Seit 1952 treibt man bei Wairakei stählerne Röhren 200 bis 1400 Meter tief in den vulkanischen Untergrund. Bis zu 266 Grad Celsius heiß ist es dort unten. Der überhitzte Dampf dringt zusammen mit heißem Wasser durch schmale Schlitze in die Röhren ein. Unter hohem Druck steigt er auf. Natürlicherweise dichtet eine Tonschicht wie ein Deckel das Dampf-

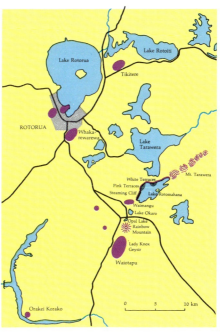

lager ab, genauer gesagt, den Dampf in den Poren der vulkanischen Trümmergesteine und Schmelztuffe. Wie durch ein Ventil kann er durch die Bohrungen nach oben entweichen. Der gewonnene Hochdruckdampf wird in einer besonderen Anlage, die über jedem Bohrloch steht, vom heißen Wasser getrennt und zu den Hochleistungsturbinen im Kraftwerk am Waikatofluß geleitet. Das heiße Wasser, das zusammen mit dem Dampf aus den Bohrlöchern quillt, verwandelt sich bei der schlagartigen Druckentlastung unter höllischem Lärm zu Dampf. Eigene Geräuschdämpfer werden deshalb um jedes Ventil gebaut, um wenigstens den schlimmsten Krach zu dämpfen. Obwohl das Kraftwerk von Wairakei erst seit 1958 arbeitet, liefert es inzwischen 200 Millionen Watt. Das ist viel! Gemessen an den großen Braunkohlekraftwerken Mitteleuropas, die bis zu 850 Millionen Watt im Jahr produzieren, ist es aber immer noch bescheiden. Trotzdem verdienen die »Geokraftwerke« aller-

größte Beachtung, denn sie nützen eine Energiereserve aus, die in unserer energiehungrigen Welt bisher nur an wenigen Stellen angezapft wurde. In Neuseeland bedeuten die geothermischen Energiereserven sehr viel für eine Bevölkerung von 3 Millionen Einwohnern, die im Begriff ist, über die leistungsfähige Landwirtschaft hinaus die technische Entwicklung voranzutreiben. Die Maoris stehen bei dieser Neuorientierung ihrer Heimat nicht beiseite. Zusammen mit den Nachkommen der europäischen Einwanderer sichern sie die Zukunft der großen Inseln im Südpazifik.

Pamukkale —
Türkisches Tropfsteinschloß

Diese Tropfsteinpracht liegt nicht im Schoß der Erde. Selbst in der größten Höhle der Welt hätte sie keinen Platz. Die weißen Tropfsteinwände leuchten im hellen Licht der Sonne! Über die Talniederung des Çürüksu Çay steigen die strahlenden Sinterkalkmauern von Pamukkale (gesprochen Pamuk-kaleh) mit ausladenden Vorsprüngen und dicken Bastionen bis zu 200 Meter hoch auf. Hinter der Mauerkrone entwickelt sich eine sanft ansteigende Hochterrasse. Hinter ihr erheben sich die graugrünen Hänge der Çökelez-Berge.

Der beherrschende Berg der ganzen Landschaft aber liegt auf der anderen Seite des weiten Tals. Er heißt Honaz Dagı (gesprochen Onass dah) und ist ein 2571 Meter hoher, massiger Vulkan. Bis in das späte Frühjahr hinein trägt seine Spitze eine Schneehaube. Zu Füßen des Berges liegt die Stadt Denizli. Pamukkale und Honaz Dagı haben auf den ersten Blick wenig miteinander zu tun. Sie bestehen aus denkbar unterschiedlichem Gestein und haben eine grundverschiedene Entwicklungsgeschichte, zudem sind sie durch die weite Flußniederung auch räumlich weit voneinander getrennt. Und doch gibt es eine gemeinsame Ursache für die Entstehung der äußerlich so verschiedenen Landschaftselemente: Entlang der tiefgreifenden Bruchsysteme, die Kleinasien im wesentlichen von West nach Ost durchziehen, entwickelten sich zahlreiche Vulkane, Dampfaustritte und heiße Quellen. Der Honaz Dagı und Pamukkale liegen auf solchen Bruchstrukturen.

Während der Vulkan seit Menschengedenken schweigt, sprudeln die heißen Quellen von Pamukkale so lange man weiß ununterbrochen. Mit einer Temperatur von 35 bis 38 Grad Celsius drängen sie auf der Hochfläche des Plateaus in 4 großen Quellen ans Tageslicht. In jeder Sekunde schütten sie zusammen durchschnittlich 250 Liter Mineralwasser. Das Wasser schmeckt leicht säuerlich und prickelt auf der Zunge wie Sprudel. Seine Wärme ist vulkanischen Ursprungs, ebenso der größte Teil des gelösten Kohlendioxids, vielleicht sogar Spu-

Die Sarkophage der alten römischen Stadt werden vom Sinter eingehüllt. In der Ferne der schneebedeckte Honaz Daği.

ren des Wassers selbst und ein winziger Anteil der mitgeführten Mineralien. Die weitaus überwiegende Menge der gelösten Stoffe aber stammt aus den Gesteinslagen, durch die das Regenwasser auf seinem Weg bis zur Quelle sickerte. Dabei nahm es Calcium aus dem Kalk, Magnesium aus dem Dolomit, ein wenig Natrium aus Kochsalz und Spuren von Eisen und Aluminium auf. Auch Karbonat, Sulfat, Silikat und etwas Chlorid kann man nachweisen. Alles in allem sind 2332 Milligramm, also rund 2,3 Gramm Mineralstoffe in jedem Liter Wasser gelöst. Organische Verunreinigungen, die auf Abwässer schließen ließen, sind nicht einmal in Spuren zu finden.

Den starken Mineralquellen verdankt das Naturwunder von Pamukkale seine Entstehung. Jeder Liter Mineralwasser, der ausströmt, läßt nämlich auf seinem Weg ins Tal einen Teil der gelösten Stoffe liegen. War-

um? Das ist eine lange Geschichte, die mit dem Regenwasser beginnt und über die man am besten nachdenkt, wenn man bis zum Hals im warmen Quellteich sitzt.

Der Regen, der in den Bergen fällt, sickert durch die feinen Klüfte des Gesteins einige 100 Meter tief ein. Dort unten wird das Wasser durch die Ausstrahlung eines noch wesentlich tiefer liegenden, vulkanischen Herdes aufgeheizt. Gleichzeitig nimmt es sehr viel Kohlendioxid auf. Aufmerksame Beobachter werden jetzt allerdings stutzig, denn schon die Alltagserfahrung zeigt, daß sich Gase — und Kohlendioxid ist schließlich ein Gas — in warmem Wasser viel schlechter lösen als in kaltem. Deshalb stellt man auch Sekt kalt! Nicht nur weil man bei kaltem Sekt kaum schmeckt, wie er schmeckt, sondern weil kalter Sekt nicht so wütend schäumt wie warmer, weil eben das Kohlendioxid im kalten Sekt brav gelöst bleibt und im warmen Sekt nur unter Druck zu halten ist. Druck! Das ist das Stichwort.

Unter Druck wird das im Regenwasser gelöste und das vulkanisch gelieferte Kohlendioxid sogar vom warmen Wasser aufgenommen. In 300 bis 400 Meter Tiefe herrscht ein Druck von 30 bis 40 Atmosphären. Das reicht aus, um viel Kohlendioxid im Wasser unterzubringen. Nun ist aber Kohlendioxid ein ganz besonderes Gas, das sich im Wasser nicht nur löst wie Sauerstoff oder Stickstoff, sondern mit ihm eine Säure bildet, die Kohlensäure. Bei der hohen Wassertemperatur ist diese Säure vor allem dem Kalk gegenüber sehr angriffslustig und löst ihn, das Calciumkarbonat, als Calciumhydrogenkarbonat auf. Daß sich daneben auch etwas Gips und Kochsalz ohne chemisches Zutun im warmen Wasser lösen, sei nur am Rande vermerkt.

Auf dem Weg nach oben kühlt sich das Thermalwasser zwar ein wenig ab, aber nicht so stark, daß das gelöste Kohlendioxid festgehalten werden könnte. Mit etwa 38 Grad steigt das Thermalwasser aus einer Spalte auf, die von Tauchern auf 30 Meter Länge und 5 Meter Tiefe verfolgt wurde. Es bilden sich Bläschen, die dem aufquellenden Wasser vorauseilen und an der Oberfläche zu Tausenden mit feinem Knistern platzen. Jeder Zweig, der ins Wasser hängt, jedes Blatt, die dorischen Säulen im Quellsee und die Haut der Badegäste, überziehen sich mit einem schimmernden Pelz aus winzigen Kohlendioxidbläschen!

An der Oberfläche ändert sich das Verhalten der Säure, genauer gesagt, durch das Entweichen des Kohlendioxids geht dem Wasser Säure verloren. Dann braucht es nur noch 20, 30 Meter zu fließen, bis sich der ge-

löste Kalk auszuscheiden beginnt. Das fängt ganz langsam an und wird rasch stärker. Den Höhepunkt erreicht die Kalkausscheidung an der Hangkante, über die das kalkbeladene Wasser als dünner Film rieselt. Jeder Liter Wasser läßt auf seinem Weg von der Quelle über die Hochfläche und den Abhang der Sinterterrasse etwa 0,8 Gramm Kalk zurück, das sind an jedem Tag rund 6

Die Dampfquellen im Menderestal werden genauso wie die Quellen von Pamukkale vulkanisch beheizt.

Tiefe Erdbebenspalten durchziehen die Hochfläche. Deutlich sieht man, wie sich dort die Schollen der Erdkruste gegeneinander verschoben.

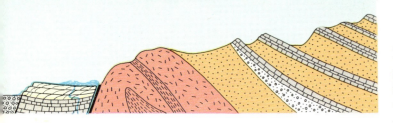

Der Sinterklotz von Pamukkale ist viel jünger als die Berge dahinter.

Kubikmeter Kalk, im Laufe eines Jahres mindestens 2000 Kubikmeter. Wenn man jetzt noch das Gesamtvolumen der Kalksintermassen berechnen würde, könnte man sogar auf das Alter von Pamukkale schließen. Die Terrasse ist etwa 2500 Meter lang und hat eine durchschnittliche Breite von 500 Meter. Bei einer Durchschnittshöhe von 150 Meter ergibt das einen Rauminhalt von rund 200 Millionen Kubikmeter. Wenn man diese Zahl durch die Jahresleistung der Ablagerung, nämlich 2000 Kubikmeter, teilt, kommt man auf einen Zeitraum von 100 000 Jahren, der nötig war, um den Kalksinterklotz von Pamukkale aufzubauen.

Überlegungen dieser Art haben natürlich ihre Schwächen, und man nennt sie nicht umsonst mit einem bösen Zungenschlag Milchmädchenrechnungen, trotzdem liefern sie einen Anhaltspunkt.

Diesen groben Näherungswert aber zu verbessern, ist außerordentlich schwierig. Man weiß zwar, daß zahlreiche Erdbeben den Sinterklotz immer aufs Neue zerrissen, sehr wahrscheinlich beeinflußte dies auch die Schüttung der Quellen. Aber wie? Das läßt sich mit dem besten Willen nicht sagen, denn die Verschiebungen in der Erdkruste können die Spalten weiter öffnen, aber auch verengen. Ganz sicher haben sich auch die Klimaschwankungen der vergangenen Jahrtausende auf die Kalkablagerung ausgewirkt. Es gab Zeiten, in denen es wärmer und trockener war als heute. Wahrscheinlich floß damals weniger Wasser aus den Quellen, dafür verdunstete mehr. Die Kalkab-

Schlägt man ein Stück Sinterkalk ab, so zeigt es eine deutliche Schichtung.

lagerung müßte dann ziemlich stark gewesen sein. Davor gab es eine Zeit, in der es erheblich kühler und feuchter war als heute: die letzte Eiszeit nämlich. Mit ziemlicher Sicherheit brachten die Quellen damals viel mehr Wasser. Daß aber auch mehr Kalk abgelagert wurde, ist unwahrscheinlich, dazu war es eben zu kühl und zu feucht! Man kann es wenden, wie man will, zu einem befriedigenden Ergebnis kommt man mit diesen Überlegungen allein nicht, da müßte man sich schon eine bessere Methode einfallen lassen.

Eine Eigenschaft der Kalkablagerungen bietet sich geradezu an, sie zur Altersbestimmung heranzuziehen: An frischen Bruchstellen der Sinterwand sieht man nämlich eine auffällige Bänderung, die nach aller Erfahrung mit dem Wechsel der Jahreszeiten übereinstimmt. Im Winter, wenn das Wasser rasch abkühlt, und deshalb weniger Kohlendioxid entweicht und weniger Wasser verdunstet, wird weniger Kalk abgelagert, als im heißen Sommer. Dafür ist der Sommerkalk etwas lockerer als der Winterkalk. Es ist ganz ähnlich wie bei den Jahresringen der Bäume. Man kann mit Hilfe der Sinterbänder einen Kalender machen! Nur, ganz so einfach, wie es auf den ersten Blick aussieht, ist das auch wieder nicht, denn die Bäche, die von den Quellen kommen,

fließen ja nicht jahrhundertelang oder gar jahrtausendelang immer an derselben Stelle über die Hangkante. Im Gegenteil! Die Ablagerung von Kalk durch das Wasser bewirkt, daß sich der Lauf der Bäche dauernd ändert, und deshalb bald hier und bald dort die Ablagerungen eines mehr oder weniger langen Zeitraums fehlen. Man müßte also, wenn auch an verschiedenen Plätzen, möglichst viele Jahresschichten heranziehen, um damit einen möglichst kompletten Kalender der Entwicklungsgeschichte Pamukkales zu gewinnen. Allerdings besteht die Gefahr, daß dann manche Seiten des Kalenders doppelt und dreifach aufgenommen werden, und andere ganz fehlen.

Auf diese Schwierigkeit müßte man wohl besonders achten, deshalb wäre es das Beste, den Sinterklotz an möglichst vielen Stellen bis auf den Grund zu durchbohren, um Bohrkerne zu erhalten. Dazu setzt man einen Hohlbohrer ein, der eine unbeschädigte Säule aus allen durchbohrten Schichten, eben den Bohrkern, liefert.

In den Jahresschichten findet man bei näherem Zuschauen pflanzliche und tierische Reste, die in den Kalk eingebettet sind, und mit einigem Glück sogar menschliche Spuren. Noch mehr könnte man mit dem Mikroskop erkennen. Neben Resten von Algen und winzigen Tieren findet man bei derartigen Untersuchungen fast immer Blütenstaubkörner, auch Pollen genannt. Das ist erstaunlich, aber die Pollenhaut gehört zu den widerstandsfähigsten Stoffen, die von Lebewesen überhaupt hergestellt werden können. Die Pollen vieler Bäume und Gräser verbreitet der Wind, sie wurden sicher auch auf die Sinterterrasse von Pamukkale geweht und in den abgesetzten Kalk eingebettet.

Aus den verschiedenen Pollen kann der Fachmann nicht nur auf bestimmte Pflanzen schließen, sondern darüber hinaus auch auf das Klima, in dem sich diese Pflanzen wohlfühlten. Eine Möglichkeit, über die Entwicklungsgeschichte von Pamukkale mehr und Genaueres zu sagen, als man bisher weiß, läge deshalb ganz sicher in der Auswertung von Bohrkernen.

Die Altersbestimmung der Funde und des Sinterklotzes mit der sonst so bewährten Radiocarbon-Methode würde sich in Pamukkale ziemlich schwierig gestalten, ganz abgesehen davon, daß sie »nur« etwa 50 000 Jahre weit zurückreicht. Unter normalen Bedingungen geht man bei dieser Methode davon aus, daß der radioaktive Kohlenstoff ^{14}C, der sich vom »normalen« Kohlenstoff ^{12}C auch durch ein um zwei Einheiten höheres Atomgewicht unterscheidet, in 5568 Jahren zur Hälfte zerfällt. Wenn also ein Stück Holz genau halb so viel ^{14}C enthält wie frisches Holz, ist es 5568 Jahre alt.

Während der radioaktive Kohlenstoff, den die Pflanzen normalerweise in ihren Stoffwechsel einbauen, eben aus

In den letzten Jahrzehnten wurde damit begonnen, die historischen Reste auf der Hochfläche planmäßig auszugraben. Metertief steckten die Säulen in Sinterkalk.

Bild links: Auch Tropfsteine wachsen nicht gleichförmig, sondern in Abhängigkeit von der Wasserzufuhr und von der Temperatur.

Dorische Säulen liegen im warmen Bad im Motel Pamukkale.

der Luft stammt, und der ^{14}C-Gehalt des Luftkohlendioxids bekannt ist, stammt ein beträchtlicher Teil des Kohlendioxids, das die Pflanzen rings um die heißen Quellen von Pamukkale aufnehmen, aus dem kohlensäurehaltigen Wasser, also aus dem vulkanischen Untergrund. ^{14}C ist darin nicht enthalten! Bei einer Radiocarbon-Messung würden diese Reste viel älter erscheinen, als sie in Wirklichkeit sind.

Das Wasser im warmen Quellsee dampft, wenn der kühle Bergwind in der Morgenfrühe darüberstreicht. Kalkauflösung und Kalkausscheidung, Tiefbohrung und Altersbestimmung, das ist ein bißchen viel auf den nüchternen Magen. Wen wundert es, daß die nachdenklichen Leute im warmen Bad unruhig werden, sobald sie entdecken, daß der »Ober« aus dem kleinen Motel, das heute um den Quellsee herumgebaut ist, auf der Terrasse neben dem Bad ein türkisches Frühstück serviert hat: Brot, kühle Joghurt und heißen, süßen Tee.

Einer wird ganz still am Tisch und starrt in den Quellsee. Die andern legen nacheinander die Löffel weg und schauen auch in den See, aber es gibt dort nichts Besonderes zu sehen.

»Siehst du ein Gespenst?«

»Hmm, kein Gespenst, aber eine Säule!«

»Ach so, eine Säule. Die war vor zehn Minuten wohl noch nicht da?«

»Quatsch! Natürlich war sie da, aber daß sie überhaupt da ist, begreife ich nicht!«

»Den Vortrag über die alten Griechen halte ich dir noch!«

»Danke für die Belehrung. Es hat sich herumgesprochen, daß die Säulentrommeln etwa 2000 Jahre alt sind, aber das ist ja gerade das Problem! Schau sie dir doch an, wie gut sie sich gehalten haben in dem Wasser, von dem wir gerade noch so sicher wußten, daß es den Kalk auflöst, und die Säule besteht doch aus Kalk, oder etwa nicht?«

»Natürlich besteht sie aus Kalk. Und du meinst, sie müßte sich aufgelöst haben?«

»Entweder, oder! Entweder müßte sie Auflösungsspuren zeigen, oder aber sie müßte von einer Kalkkruste überzogen sein, wenn das, was ihr vorhin behauptet habt, stimmen soll!«

Vorsicht! Die Wahrheit liegt, wie so oft, in der Mitte. Zwar löst das Wasser tief im Berg den Kalk auf und scheidet ihn in einiger Entfernung von der Quelle wieder ab. Im Quellsee selbst halten sich die physikalisch-chemischen Kräfte von Lösung und Ablagerung ungefähr die Waage. Sonst hätte sich die Trommel der dorischen Säule und die anderen Bruchstücke des griechischen Quellheiligtums, die im Thermalsee liegen, innerhalb einiger 100 Jahre bestimmt verändert. Ein ganz klein wenig überwiegt im Quelltopf die Auflösung, denn sonst hätte er sich längst selbst verstopft.

Wie lange Menschen die warmen und heilkräftigen Quellen von Pamukkale schon aufsuchen, weiß man nicht genau. Die ältesten Spuren, die man bisher kennt, weisen auf das 2. Jahrtausend v. Chr. hin. Damals bedeckten noch dichte Wälder die Hänge der Berge ringsum. Löwen, Bären, Wölfe und Schakale lebten dort, aber auch Hirsche, Rehe und Bergschafe. Man kann sich gut denken, daß sie vom warmen Quellbezirk das ganze Jahr über angezogen wurden. Nicht zuletzt, weil hier der Boden unmittelbar am Wasser fest und trittsicher war, sondern auch weil schon damals keine Bäume an den überrieselten Hängen wuchsen, und sie deshalb frei und übersichtlich waren. Auch heutzutage widerstehen nur wenige Gräser, Wolfsmilchstauden, Weiden- und Oleanderbüsche an günstigen Plätzen den lebensfeindlichen Bedingungen der Tropfsteinwelt. Ihre Wurzeln halten die hohe Temperatur und den Kalkgehalt des Wassers aus. Ihre Stengel und Blätter bilden sich rasch genug neu, wenn die alten vom Kalk überkrustet und erdrosselt sind.

Erstaunlich lange hat es gedauert, bis Menschen einen festen Wohnsitz im Bannkreis der dampfenden Quellen und der strahlenden Sintergebirge gründeten. Man kann sich durchaus denken, daß die Eiszeitjäger und die frühen Ackerbauer die warmen Quellen und die bizarre, einmalige Tropfsteinlandschaft als etwas Außergewöhnliches, Geheimnisvolles, ja Göttliches verehrten, das zu stören sie nicht wagten. Erst im 6. Jahrhundert v. Chr. gab es für kurze Zeit eine Lydische Militärkolonie am Rande der Sinterterrassen. Spärliche Reste sind erhalten. Danach wurde es er-

neut ruhig auf der Hochfläche. Erst lange nach dem Siegeszug Alexander des Großen durch Vorderasien gründete König Eumenes von Pergamon um 190 v. Chr. auf dem Plateau über der sumpfigen Talniederung eine Stadt. Hierapolis nannte er sie, das heißt »Heilige Stadt«. Offenbar hatten auch die Menschen jener Zeit das Gefühl, hier den Göttern besonders nahe zu sein. Um die warmen Quellen entstanden Tempel, bald wuchs die Stadt weit über den Tempelbezirk hinaus. Handwerker und Kaufleute siedelten sich an. Besonders nach der Aufnahme der Region in das römische Reich begann Hierapolis aufzublühen, und entwickelte sich bald zu einer der reichsten Städte Kleinasiens. Töpferwaren und Plastiken, vor allem zahlreiche Münzen aus jener Zeit, wurden in großer Zahl gefunden. Damit ist allerdings nicht gesagt, daß auch alle »Antiks«, die von aufgeweckten Bauernjungen für die Touristen aus der Hosentasche gezaubert werden, echt sind. Und wenn sie es wären? Touristen lassen besser die Finger davon, denn für den illegalen Export der Boden-

Aus großen Sinterkalkblöcken ist das römische Badehaus aufgebaut. Am Berghang liegt das guterhaltene griechische Theater.

funde haben die türkischen Zollbehörden keinerlei Verständnis.

Ein verheerendes Erdbeben legte im Jahr 60 n. Chr. — Nero war Kaiser in Rom — Hierapolis in Trümmer. Doch unmittelbar nach der Zerstörung begann der Wiederaufbau, und bald bedeckte eine noch größere, noch prächtigere Tempel-, Bäder- und Handelsstadt die Sinterhochfläche. Breite Straßen durchzogen sie, gesäumt von gedeckten Bogengängen, Warmwasserkanäle führten zu den Häusern, im Zentrum entstanden die gewaltigen Hallen der großen Therme, des öffentlichen Bades. Apollo und seine Mutter Leto wurden an den heiligen Quellen verehrt. In einer Höhle, nach dem römischen Gott der Unterwelt Plutonium genannt, wurde den staunenden Pilgern gezeigt, wie Tiere und Vögel am Boden der Grotte verendeten, während die Menschen von den unerklärlichen, tödlichen Kräften der Tiefe unbehelligt blieben. Dieses schaurige Schauspiel wurde übrigens nicht nur in Hierapolis vorgeführt, die Hundsgrotte bei Neapel war lange Zeit berühmt für dieselbe Erscheinung. Hier wie dort erstickten die Tiere in einem

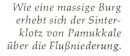

Wie eine massige Burg erhebt sich der Sinterklotz von Pamukkale über die Flußniederung.

See von schwerem Kohlendioxid, während die Menschen die Todeszone überragten.

Das goldene Alter von Hierapolis lag im 2. und 3. Jahrhundert. Nicht nur von den Bauten für die Lebenden: Bäder, Markthallen, Bibliotheken und Theater zeugen heute noch gewaltige Ruinen, auch eine reiche Nekropolis, eine Totenstadt, liegt im Norden des Plateaus. Nach dem Sieg des Christentums entstanden große, byzantinische Kirchen in Hierapolis, aber auch sie zerfielen mit dem Niedergang des oströmischen Reiches. Schließlich vertrieben im 14. Jahrhundert die mohammedanischen Seldschuken die letzten Byzantiner. Von der alten Herrlichkeit blieb nur ein großes Trümmerfeld.

Die Seldschuken und nach ihnen die Türken kümmerten sich wenig um die zerfallende Stadt; es gab ja so viele davon. Der Name Hierapolis geriet in Vergessenheit. Die neue Bezeichnung »Pamukkale« trat an seine Stelle. Pamuk heißt Baumwolle oder Watte, Kale so viel wie Schloß — Pamukkale also das Watteschloß; die leichte, weiße, wolkige, über der Niederung schwebende Welt! Kein

schlechter Name, wenn man die Na-
turerscheinung mit ihm beschreiben
will.

Das Wasser aus den warmen Quellen floß sicher noch eine Zeitlang in
den alten, römischen Bewässerungs-
kanälen, bis es sich schließlich seinen
Lauf wieder selbst wählte und über
die ganze Hochfläche hin- und her-
pendelte. Ein Fächer von Wasser-
adern entwickelte sich, die wieder
wie einst große Teile des Hanges
überrieselten. Schaut man sich den
Wasserfilm am Hang einmal genauer
an, dann stellt man fest, daß er nicht
gleichförmig fließt, sondern in rhyth-

mischen Wellen schusselt. Auf dem
rauhen Kalkboden wird das strömende Wasser gebremst. Die Wasserschicht darüber rutscht auf der lang-
samen Unterschicht regelrecht aus.
Mit zunehmender Geschwindigkeit
erhöht sich aber auch ihre Reibung,
und schließlich überstürzt sie sich,
eine kleine Wasserwalze bildet sich.
Dieser rhythmische Abfluß des Wassers beeinflußt auch die Kalkablagerung.

Der ganze Hang überzieht sich über
kurz oder lang mit einem Netzwerk
aus Strömungsrippeln und Näpfchen.
100 bis 150 solcher fingernagelgroßer

*Kleine Rippeln über-
ziehen den Sinterkalk.
Die großen Terrassen
sind nicht glatt und
gleichförmig aufge-
wachsen, sondern
in regelrechten
Wachstumsschüben.*

Jede Lamelle, die das Becken stützt, zeigt einen rhythmischen Aufbau. Selbst sehr gleichmäßig gebaute Terrassen zeigen bei genauerer Betrachtung sogar im Bau der einzelnen Lamellen rhythmische Schwankungen.

Diese Tonvase stand einige Wochen im Kalkwasser von Pamukkale, anschließend wurde sie in Salzsäure gestellt. Am Fuß und vom untersten Teil der »geschmackvollen« Metallgirlande ist der Kalk deshalb abgelöst.

Schälchen kommen auf einen Quadratdezimeter. Größere Wasserwalzen überlagern die kleinen. Die feine Rippelstruktur wird von großen Sinterbecken überlagert. Sobald irgendwo die Kalkablagerung verstärkt eingesetzt hat, beschleunigt sich der Prozeß an dieser Stelle, weil eine Schwelle gebildet wurde, die vom Wasser in dünner Schicht überströmt werden muß. Dabei kommt es eben zu verstärkter Verdunstung, zur Kohlendioxidabgabe und damit zur Kalkablagerung.

Ungefähr 20 000 größere Sinterbecken gibt es an den Hängen von Pamukkale. Die größten haben eine Fläche von 70 bis 100 Quadratmeter und sind badewannentief. Einige wenige Sinterterrassen haben Außenwände mit mehr als 5 Meter Höhe. Ihre Wasserbecken sind aber auch nicht tiefer als einen halben Meter; in ihnen scheidet sich bröseliger Kalk ab, der sich im Laufe der Zeit verfestigt. Lange Lamellen und Stalaktiten gliedern den äußeren Beckenrand, der meist deutliche Aufbauzonen, Wülste und Einschnürungen aufweist. Auch die Tropfsteinlamellen selbst sind nicht gleichmäßig gewachsen, sondern, je nachdem, wie das Wasser gerade lief, dünner oder dicker, krumm oder gerade, verzweigt oder unverzweigt.

Wenn der Hang sehr steil ist, bilden sich vor allem am oberen Hang ganze Sinterkaskaden. Weiter unten entstehen meist die watteartigen, rundlichen Formen, die Pamukkale seinen heutigen Namen eingetragen haben. Aber auch auf der Hochfläche lagert sich wieder Kalk ab, seit das Wasser aus seinen Kanälen ausgebrochen ist. Die alten Prachtstraßen sind von Kalk überwuchert, vor allem die Nekropole im Norden steckt bis zu 2 Meter im Sinter! Durch die Sarkophage rinnt das warme, kalkbeladene Wasser, umhüllt sie und füllt sie aus, und bezieht sie schließlich wie ein Stück gewachsene Natur in die Terrassenlandschaft der Sinterbecken ein. Zerstörung allenthalben! Auf den ersten Blick mag das so aussehen, aber der Kalk umhüllt viel mehr, als er vernichtet, umhüllt und konserviert! Wie ein Schutzpanzer überzieht er die Schätze der Vergangenheit und bewahrt sie vor dem Zugriff Unberufener. Erst in den letzten Jahrzehnten begann man mit der planmäßigen Ausgrabung von Hierapolis, und das zunächst nur tastend. Eine alte Straße ist freigelegt, ein paar Säulen, Türme und Tore sind wieder aufgerichtet. Viel mehr aber als getan wurde, bleibt noch zu tun. In unseren Tagen nun wird Pamukkale vom großen Tourismus entdeckt. Seine Entwicklung liegt am Scheideweg. Gelingt es, die zauberhafte Naturlandschaft zu erhalten und, wo sie bereits gestört ist, den alten Zustand wieder herzustellen, dann hat das Tropfsteinschloß die Chance, einer der größten Anziehungspunkte der Türkei zu werden. Die Bauern im Tal müßten dann allerdings darauf verzichten, das Wasser aus den warmen Quellen, an den Sinterterrassen, die heute oft trocken und ziemlich trostlos daliegen, vorbei, direkt auf ihre Felder zu leiten. Abgesehen davon, daß es unver-

gleichlich schöner ist, wenn glitzernde Wasserschleier über die Tropfsteinwände rauschen, hätten die Bauern sogar ihren Vorteil von dieser Lösung, denn die natürliche Entkalkungsanlage würde ihnen zur Bewässerung sehr viel kalkärmeres, geeigneteres Wasser liefern.

Nicht ganz einfach wird es auch sein, die Entwicklung der Hotelbezirke auf die Natur zu beziehen und sie harmonisch einzuordnen, gegebenenfalls sogar besonders störende Neubauten und Straßen abzubauen. Wenn dies nicht gelingt und der Tourismus ungezügelt in die bisher noch ziemlich ungeschützte Landschaft einbricht, wird sie ihre Schönheit verlieren.

Zum Glück werden die heißen Quellen aber weitersprudeln und schließlich alle Wunden, die unsere Zeit dem weißen Zauberschloß schlägt, heilen. Gnädig verpackt der Sinterkalk Tonkrüge und Coca-Cola-Flaschen, Orangenschalen, Zeitungsfetzen und Filmbüchsen, Autoreifen und Asphaltstraßen. Wenn nicht wir, so werden dann wenigstens die Archäologen der Zukunft ihre helle Freude an den Abfällen unserer Zeit haben.

Am flachen Hang entstehen flache, breite Terrassen.

83

Niagara — Donnerndes Wasser

Wie gelbe Wanzen klettern die Fahrstuhlkabinen am schlanken, dreikantigen Schaft des Skylon-Turms hinauf und verschwinden im mehrgeschossigen Mastkorb. Selbst wer sich kurz vorher noch über den Skylon und die anderen Stachel in der Landschaft am Niagara geärgert hat — es soll Besucher der Niagarafälle geben, die sich von den »Multi-Millionen-Dollar-Türmen« nicht nur beeindrucken lassen —, ist überwältigt von der grandiosen, umfassenden Aussicht.

Niagara, das donnernde Wasser, wie es die Indianer nannten, liegt zu Füßen des Besuchers. Über dem gewaltigen, kanadischen Hufeisenfall steht eine hohe Gischtwolke. Westlich von ihm, getrennt durch die Ziegeninsel, liegt der Amerikanische Fall; durch die Felstrümmer an seinem Fuß rauscht das Wasser in schäumenden Kaskaden zum Fluß. Den Anfang und das Ende des Niagara River sieht man vom Turm aus: den Eriesee, 175 Meter über dem Meer, im äußersten Süden und den Ontariosee, 100 Meter tiefer gelegen, am Nordhorizont. Auch die künstliche Verbindung der beiden Seen, den Welland-Kanal, kann man sehen. Er verläuft östlich des Niagara River auf kanadischem Boden. Durch 26 Schleusen können selbst Hochseeschiffe, die aus dem Atlantik über den St. Lorenz-Strom in den Ontariosee kommen, zum Eriesee und weiter hinauffahren. Doch jeder Rundgang auf der Beobachtungsplattform, jeder Blick durch das Fernglas, führt schließlich zurück zu den Wasserfällen, deren dumpfes Donnern über der ganzen Landschaft liegt und selbst die kühne Betonnadel des Skylon vibrieren läßt.

Technik und Kommerz legen sich heute wie eine Klammer um die Niagarafälle. Sechsspurige Straßen führen bis an die Fallkante. Hotels der internationalen Spitzenklasse und ungezählte Motels, die sich in leuchtenden Farben vor allem den Hochzeitspärchen empfehlen, laden, mit oder ohne Blick auf das Naturwunder, zum Bleiben ein. Museen, in denen die tollkühnen Unternehmungen der Nia-

Bild links: Der Amerikanische Fall, dahinter die Ziegeninsel

Zwischen Eriesee und Ontariosee, an der Grenze zwischen Kanada und den USA, liegen die Niagarafälle.

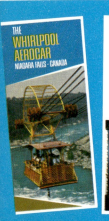

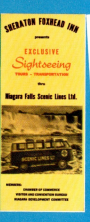

Roger Appears Doomed In Torrent Below Falls

gara-Todesfahrer und der Drahtseil-Akrobaten verewigt sind, liefern für Regentage etwas abgestandenen Nervenkitzel: Die Geschichte der Annie E. Taylor, der 43jährigen Lehrerin, die am 4. Oktober 1901 in einem Eichenfaß über den Hufeisenfall jumpte, als erster Mensch das Abenteuer überlebte und eine Weile als »Queen of the Mist« zweifelhaften Ruhm erlangte. Die Daten des 55jährigen Artisten Bobby Leach, der am 25. Juli 1911 in einem Stahlfaß über den Fall ging und des 37jährigen Arbeiters Jean Lussier, der am 4. Juli 1928 in einem Spezialgummiball heil über die Runde kam, und, ein wenig kleiner gedruckt, auch das Schicksal der anderen, die der Wasserfall nicht lebend zurückgab. Bei seinem letzten Versuch starb sogar Red Hill in einem »Faß« aus Autoschläuchen am 5. August 1951 unter den Augen von 500 000 Neugierigen. Seither sind Todesfahrten über den Hufeisenfall verboten. Jeder Versuch wird polizeilich gestoppt.

Am 9. Juli 1960 allerdings trieben der 7jährige Roger, seine 17jährige Schwester Deanne und der 40jährige Jim Honeycutt trotzdem auf den Hufeisenfall zu; ihr Boot war gekentert! Schwimmend versuchten sie die Ziegeninsel zu erreichen. Das Mädchen wurde knapp 30 Meter oberhalb der Fallkante gerettet, der Junge, in Badehose und Schwimmweste und der Mann, für den keine Rettungsweste mehr im Boot gewesen war, stürzten in die Tiefe. Jim überlebte den Sturz nicht. Wie durch ein Wunder aber blieb der 7jährige Roger unverletzt und konnte geborgen werden.

Kein angenehmes Thema, sicher, aber wer am Ufer der Ziegeninsel steht und die zunehmende Geschwindigkeit des Flusses in den Stromschnellen vor Augen hat, die wilden, schäumenden Wellen, die über blank gescheuerte Kalksteintreppen hetzen und nicht schnell genug in den kochenden Abgrund springen können, kann mitfühlen, was es bedeutet, den vernichtenden Kräften dieses reißenden Stroms ausgeliefert zu sein.

Fast 3 Meter dick ist die Wasserschicht, die über die 900 Meter breite Kante des Hufeisenfalls 48 Meter tief hinabfällt und aus dem felsigen Untergrund eine Strudelwanne von 50 Meter Tiefe herausfräst. Die Gischtwolke aus den brausenden Strudeln steigt bis zu 100 Meter hoch auf. Das Wasser allein wäre nicht imstande, so tiefe Kalkwannen am Fuße des Wasserfalls auszuschürfen, aber die Kalkfelsen selbst, die auch die Fallkante bilden, liefern die schabenden und scheuernden Werkzeuge: Felstrümmer und Gerölle.

Unter einer Decke von 10 bis 20 Meter Eiszeitschutt liegen, ziemlich waagrecht, die 25 Meter mächtigen Niagarakalke aus dem Obersilur. Unter ihnen folgen 18 Meter mächtige, weiche Tone und Mergel, dann 6 Meter Kalk, noch einmal 27 Meter Tone und dann Sandstein. Dem Kalk kann das Wasser verhältnismäßig wenig anhaben, nur die Klüfte zwischen den einzelnen Blöcken werden im Laufe der Zeit ausgeschliffen. Damit läßt natürlich der Zusammenhang des Schichtverbands in sich nach. Das wäre aber nicht weiter von Bedeutung, wenn nicht unter dem Kalk die weichen Tone folgen würden. Diese Tone kann das Wasser verhältnismäßig leicht ausspülen. Wenn die Höhlung unter den Kalkschichten tief genug ist, brechen ganze Blöcke nach und fallen in die Strudelwannen unterhalb des Falls. Dort werden sie vom herabstürzenden Wasser auf dem Sandstein herumge-

jagt und schleifen ihn und natürlich auch sich selbst ab. Die 6 Meter mächtige Kalkbank, die in die Tone und Mergel unter dem »Fallmacher« eingelagert ist, widersteht dem Anprall des Wassers ebenfalls beser als die weiche Umgebung. Sie wird deshalb regelrecht freipräpariert. Auf dieser Kalkbank konnte man früher unter dem Lunafall oder Brautschleierfall, einem Abschnitt des Amerikanischen Falls zwischen Lunainsel und Ziegeninsel, hindurchgehen. Der Eindruck muß atemberaubend gewesen sein, und man kann schon verstehen, daß die Amerikaner den Besuch dieser Cave of the Winds, der Windhöhle, auch Aolus Cave genannt, als »Thrill of Thrills« oder ganz schlicht als das »Nonplusultra aller Wunder« anpriesen. Diese herrlichen Zeiten sind vorbei, es gibt zwar noch leuchtend gelbe Wasserschutzkleidung, die aus seriösen Besuchern sehr fotogene Gartenzwerge macht, der Gang unter den Fall ist aber nicht mehr erlaubt; wahrscheinlich waren die Nerven der Besucher doch nicht immer stark genug, oder hatte man ganz einfach die berechtigte Sorge, daß die ziemlich mürbe Kante des Amerikanischen Falls im falschen Augenblick nachbrechen könnte? Die Brocken, die dann herunterkommen, haben beachtliches Format: Am 18. Januar 1931 brach ein Block von 75 000 Tonnen ab, am 28. Juli 1954 gar einer, der mit 185 000 Tonnen mehr als doppelt so schwer war. Kein Wunder, daß die Amerikaner ihren Fall erst kürzlich eine Zeitlang abstellten, um durch Betoninjektionen die fotogene Kante zu stabilisieren.

Am US-Fall kann man sich solche Unternehmungen leisten, denn nur 7 Prozent der Wassermenge gehen über diese Kante der zwar »nur« 300

So bunt sind die Fälle in der Nacht; man merkt dann nicht so genau, daß mehr Wasser auf die Turbinen geleitet wird.

Bilder links: Selbst wenn kein Wasser mehr den Niagara River herunterkäme, für Unterhaltung in der Stadt wäre gesorgt. Das Bild unten zeigt ein Zeitungsfoto von Roger Bob im Wasser unterhalb der Hufeisenfälle.

Meter breiten, aber mit knapp 60 Meter Gesamthöhe deutlich höheren Fälle. Die Schichtdicke des Wassers beträgt allerdings nur 0,5 Meter und der durchschnittliche jährliche Abbruch der Vorderkante beträgt etwa 2 bis 6 Zentimeter gegenüber 1,2 bis 1,6 Meter auf der kanadischen Seite. Die Zahlen für die rückschreitende Erosion der Fallkante des Kanadischen Falls sind gut belegt, denn seit 1842 wird ihr Verlauf in regelmäßigen Abständen exakt bestimmt. Daraus errechnet sich unter anderem, daß der Oberlauf des kanadischen Niagara River von 1842 bis 1905 allein 3,2 Hektar Flußfläche an den Unterlauf verlor.

Intelligente Leute machten sich schon lange bevor es eine geologische Wissenschaft gab, Gedanken über die Entwicklung des Wasserfalls, denn es war fast mit Händen zu greifen, wie er Zug um Zug flußaufwärts wanderte. Für die 11 Kilometer lange, canyonartige Schlucht unterhalb des Wasserfalls errechnete ein Amerikaner schon 1790 eine Entstehungsdauer von 55 440 Jahren. Eine mutige Rechnung, wenn man bedenkt, daß man damals das Alter der Welt auf einige tausend Jahre festsetzte! Der englische Geologe Charles Lyell kam in der Mitte des letzten Jahrhunderts auf etwa 35 000 Jahre für das Alter der Fälle. Heute weiß man, daß die

Die Fälle aus der Vogel-, oder besser gesagt Skylon-Perspektive. Links: Niagara Falls N.Y. Rechts davon der Amerikanische Fall, der schmale Brautschleierfall, die Ziegeninsel und der kanadische Hufeisenfall. Darunter das Motorschiff »Maid of the Mist«.

Zwei hohe Aussichtstürme erheben sich über die Fälle. Rechts der Skylon.

Ontariosee

*Blockbild der Niagara-
landschaft*

Wasserfälle nach der letzten Eiszeit entstanden, also wesentlich jünger sind. Als sich die Gletscher vor etwa 12 000 Jahren aus dem Gebiet der großen Seen zurückzogen, entstand ein Ur-Niagarafall, der an der Steilküste bei Queenston wahrscheinlich nur 15 Meter hoch direkt in den Ontariosee stürzte; der Wasserspiegel des Ontariosees lag damals nämlich wesentlich höher. Zunächst schnitt sich der junge Fluß nur langsam rückwärts ein, denn seine Wassermenge betrug nur etwa 15 Prozent der heutigen Menge. Allein der Eriesee entwässerte damals zum St. Lorenz-Strom. Der Huronsee schickte sein Wasser noch zum Mississippi. Es ist also nicht ganz einfach, genaue Zahlen für die vergangene und zukünftige Wandergeschwindigkeit des Falls anzugeben, trotzdem liegt es auf der Hand, daß er eines Tages im Eriesee angelangt sein wird. Vielleicht ist es in 30 000 Jahren soweit. Man muß allerdings berücksichtigen, daß das Bett des Flusses breiter wird, auch daß sich die fallbildenden Schichten einsenken und schon in 8 Kilometer Entfernung von der heutigen Fallkante die Höhe des Wasserfalls nur noch 30 Meter betragen wird. Weiträumige Bewegungen der Erdkruste können die Situation natürlich völlig

verändern. Selbst der Eingriff des Menschen macht sich bemerkbar; schon heute läuft ein Viertel der Wassermenge über die Turbinen der Kraftwerke auf beiden Seiten des Flusses und fällt damit für die Arbeit am Wasserfall aus. Bei Nacht ist der Wasserentzug besonders spürbar, obwohl die strahlende Beleuchtung der verbliebenen Wassermenge etwas darüber hinwegtäuscht, wenigstens solange weißes Licht auf der Gischt liegt und das Ganze nicht bei wechselnder farbiger Beleuchtung nach Himbeerwasser, Waldmeisterlimonade, Bier, oder noch Anrüchigerem aussieht.

Von der gesamten Wasserkraft, die man auf etwa 150 Millionen Kilowatt schätzt, werden zur Zeit rund 1,5 Millionen Kilowatt genutzt. Den rasch wachsenden Städten in der großen Westbucht des Ontariosees, dem Goldenen Hufeisen mit rund 4 Millionen Einwohnern, kommt die elektrische Energie zugute. In den USA führen die Leitungen bis nach New York. Auch die Kanäle zum Mississippi und der St. Lorenz-Seeweg entziehen dem Niagarafall das Wasser. Trotzdem ist er immer noch zehnmal stärker als der Rheinfall bei Schaffhausen.

Wenn das Motorschiff »Maid of the Mist« mit voller Kraft stromaufwärts läuft, in sicherem Abstand an den Blöcken unter dem Amerikanischen Fall vorbeistampft und schließlich rüttelnd und schlingernd in der Gischt unter der donnernden Wasserwand des Kanadischen Falls beidreht, gibt es nichts, was den Eindruck ungezähmter Kraft schmälern könnte. Auch die rasende Geschwindigkeit, mit der das Wasser durch die manchmal nur 100 Meter breite Schlucht dahinschießt und sich dabei in der Strommitte deutlich aufwölbt,

An der Talwand kann man die Schichten des Untergrunds erkennen. Oben der harte Lockport-Dolomit, auch Niagara-Kalk genannt. Er ist der eigentliche Fallmacher. Darunter folgen die weicheren Rochester-Schiefer mit einer herauspräparierten, harten Kalkbank.

ist so ursprünglich und eindrucksvoll wie eh und je, nicht minder die kreisenden und kochenden Strudel im Whirlpool.

Wer die Wasserfälle vom Hotelbalkon des Foxhead Inn aus gesehen hat, von den Aussichtstürmen, vom Auto aus, von den Wanderwegen, die am Abgrund entlang führen, aus den Stollen hinter dem dröhnenden Fall, vom Boot aus, und noch immer nicht genug hat, dem bleibt der Hubschrauber. Wer in diesem Verkehrsmittel bisher nur ein unnützes, knatterndes Luftvehikel sah, wird überrascht sein, wenn er sich der stählernen Libelle anvertraut, und mit ihr jeder Windung des Flusses folgt und schließlich auf der Stelle über den Fällen schwebt. Wie im Trickfilm kann er in Gedanken die Erdgeschichte ablaufen lassen und den Weg, den die Fallkante genommen hat, verfolgen. Vor 250 bis 300 Jahren erreichte sie die Ziegeninsel, teilte sich und wurde in der Kurve des Flusses zum großen Hufeisen.

Wie im Modell sieht er auch die Zukunft des großen Wasserfalls vor sich. Er ahnt, wie eines Tages wieder ein einziger Wasserfall Jahrtausende hindurch stromaufwärts wandern wird und — ein wenig Schadenfreude sei erlaubt — die prächtigen Hotels, die stolzen Türme und die großen Kraftwerke hinter sich läßt.

Blick vom Amerikanischen Fall auf die Friedensbrücke und das kanadische Ufer.

Grand Canyon — Größtes Tal der Welt

Grand Canyon Airport! Die sechssitzige Cessna N 3754 C rollt zum Start. William Parker — »My Name is Bill!« — Pilot der Arizona Aviation wackelt mit dem Kopf, als er die Photo- und Filmausrüstung seiner Passagiere sieht:

»It's to windy for your profession!« Zugegeben, windstill ist es nicht gerade, aber stürmisch? Die Kronen der Gelbkiefern am Flugplatzrand schütteln sich; Windstärke 5 nach Beaufort: Frische Brise! Die Maschine rollt zum Nordrand der Startbahn und schwenkt nach Süden ein. Vollgas! Nach kurzem Anlauf hebt sie ab und zieht schon über dem lichten Kiefern-Wacholder-Wald des Kaibab National Forrest eine Schleife. Die weite Fläche des Coconino Plateaus senkt sich nach Süden langsam ab. In der Ferne erheben sich ziemlich unvermittelt die jungen vulkanischen San-Francisco-Berge. Sie steigen bis zu 3800 Meter auf.

Der Pilot geht auf Nordkurs und fliegt so niedrig, wie es gerade noch erlaubt ist. Die Kameras beginnen zu surren. Baumwipfel huschen durch das Bild und dazwischen viel roter Boden mit trockenen Sträuchern und Gräsern. Eine Zeitlang folgt die Maschine der Asphaltstraße, auf der ununterbrochen Autos nach Norden

streben, überfliegt die Ranger-Station, einen verzweigten Campingplatz, der geschickt in den Wald eingebettet ist, und das Parkhauptquartier, über dem die Flaggen der Vereinigten Staaten und Arizonas flattern. Der Flug ist unruhig, doch der erfahrene Pilot führt Regie. In einer Rechtskurve zieht er seine Cessna hoch, noch einmal flitzen Baumwipfel durchs Bild, dann legt er sie leicht nach links und wie auf der Drehbühne weicht die gezackte Felsenkante des Coconino Plateaus zur Seite, stürzt der Blick in die rot leuchtende Tiefe des gewaltigen Canyon. Lange

Der Mittellauf des Colorado River mit dem Schutzgebiet im Bereich des Grand Canyon und Lake Mead.

Bild links: Grand Canyon. Blick vom Tontoplateau, das durch den Tapeats-Sandstein gebildet wird, nach Norden. Darüber erheben sich die mächtigen Redwall-Kalke. Im Hintergrund ist der helle Kaibab-Kalk, der die oberste Kante bildet, zu sehen.

Felsbänder! Terrassen und Treppen! Felsnadeln und Restberge! Schiffe! Tempel! Pyramiden! Der Phantasie ist keine Grenze gesetzt. 1000 Meter tiefer eine graugrüne Ebene, in die eine dunkle Schlucht eingesägt ist. Vom Fluß keine Spur!

Eine Fallbö erfaßt das leichte Sportflugzeug und drückt es in Sekundenschnelle unter die Felskante. Die Passagiere hängen in den Gurten, ihre Kameras knallen gegen das Kabinendach. Bill, der Pilot, meint mit gewinnendem Lächeln:

»It's to windy for your profession, I think so!«

Trotz der Wirbel, die an der Maschine zerren, nimmt er Gas weg und schießt in steilem Gleitflug in das riesige Tal hinein. Die obere Felsmauer weicht zurück, der Hang wird flacher, dünne Schichten zerlegen ihn in zahlreiche waagrechte Stufen. Da, plötzlich ein neuer, jäher Absturz, vielfach gegliedert und gezackt: die Redwall-Kalke. Darunter entwickelt sich am Fuße eines flachen Hangs das graugrüne Tonto Plateau. Es wird heiß in der Kabine, das Flugzeug bockt und springt im thermischen Aufwind. Da kommt, am Grunde der Schlucht, die den Sandstein des Tonto Plateaus und den Granit darunter 300 Meter tief einschneidet, der Colorado in Sicht, der große Fluß des amerikanischen Westens! Gelbbraun gefärbt ist er vom mitgeführten Schlamm.

In die innere Schlucht taucht die kleine Cessna ein und jagt zwischen den dunklen Granitwänden knapp 150 Meter über dem Colorado flußaufwärts. Ein Saumpfad verläuft am südlichen Ufer. Nach Norden öffnet sich der Bright Angel Canyon.

Dort liegen ein paar Häuser zwischen graugrünen Bäumen. Das Wasser eines Swimmingpools glänzt im Sonnenlicht. Das ist die Phantom Ranch, die einzige Talstation weit und breit. Die Maschine zieht eine Schleife und geht höher, überfliegt eine schmale Hängebrücke, die in 762 Meter über dem Meer den reißenden Fluß quert, klettert, fast mit Vollgas, höher und höher und nähert sich dem wild zerlappten, bis 2500 Meter hoch aufsteigenden Nordrand des Canyon, der vom Kaibab Plateau gebildet wird. In Reihen liegen die Zinnen der Ausliegerberge vor dem weit nach Süden vorspringenden Walhalla Plateau. Devatemple, Brahmatemple und Zoroastertemple ziehen wie springende Pilger vorbei, denn die Luft ist immer noch unruhig im Canyon. Nur, den Filmen kann der Wind nichts mehr anhaben, die Kameras stehen still, wo es so viel zu schauen gibt.

Zwischen Wotan's Throne und Vishnu Temple steuert Bill seine Cessna hindurch. Noch einmal weitet sich das Tal in seiner ganzen Ursprünglichkeit. Kein Weg, kein Haus, nichts, was auf Menschen schließen läßt.

Der Fluß schäumt in der engen Granitschlucht.

Kurs West. 20 Kilometer weit stehen die oberen Canyonränder auseinander. Über dem 2100 Meter hohen Coconino Plateau erhebt sich ein flacher Tafelberg, der Cedar Mountain. Letzter Rest eines Schichtpakets, das einst als geschlossene Decke das ganze Hochland überzog. Die Maschine folgt der Aussichtsstraße, die den Südrand 30 Meilen lang begleitet, überfliegt die schönsten Aussichtspunkte, erreicht schließlich das Yavapai-Museum, in dem die Geschichte des Grand Canyon dargestellt ist und erläutert wird, folgt dem Naturlehrpfad, der dicht an der Felskante entlang bis zum berühmten El Tovar Hotel verläuft. Die unübersehbare Zahl von Autos läßt keinen Zweifel mehr aufkommen: Grand Canyon, vor 100 Jahren kaum dem Namen nach bekannt, ist heute eine Attraktion erster Ordnung! Die Station der Santa Fe-Eisenbahn allerdings spielt als Tor zum Grand Canyon fast keine Rolle mehr.

Über die Häuser von Grand Canyon Village strebt die Cessna nach Süden. Ein paar Mal noch erwischt sie die Brise und rüttelt an Mensch und Material. Wie ein Artist setzt Bill seinen Vogel auf die Piste, lächelt verbindlich und redet nicht mehr vom Wetter. An der Baracke der Arizona Aviation nimmt er das Gas weg. Dankbare, stumme, im Gesicht leicht

grünliche Passagiere klettern aus der Maschine. — —

Don Garzia Lopez de Cardenaz und seine Leute erreichten im September 1540 als erste Weiße den Südrand des Grand Canyon — spanisch müßte er eigentlich Gran Cañon (Große Röhre) heißen. Ob sie begeistert waren? Ein Bericht darüber liegt nicht vor, aber wahrscheinlich war genau das Gegenteil der Fall, denn die Konquistadores der Königin Isabella von Spanien waren ausgezogen, um die sagenhaften 7 Städte von Cibola zu entdecken. Gold war die Triebfeder für die Strapazen, die sie auf sich nahmen und nicht die Schönheit der Landschaft. Da standen sie auf der trockenen, fast wasserlosen Hochfläche des Coconino Plateaus, von

Karte der Flugroute im Canyon (rot)

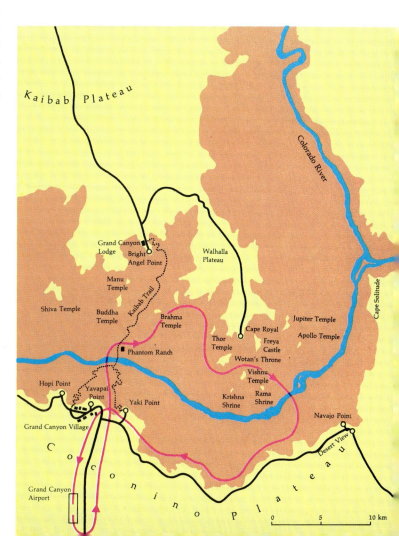

Spanische Ritter erreichten den Canyon als erste Weiße im Jahr 1540.

Major Powell rüstete im Jahr 1869 die Boote für die erste Fahrt durch die gefährliche Schlucht aus.

Die Boote von Major Powell in einer Stromschnelle

Durst geplagt, sahen den Fluß unter sich, aber konnten ihn nicht erreichen. Ein unüberwindbarer Graben setzte dem spanischen Einfluß in Nordamerika eine Grenze. Erst 1776 stand wieder ein Weißer, der spanische Franziskaner Francisco Thomas Garces, am Canyonrand. Die Wildheit der Landschaft erschreckte auch ihn mehr, als daß sie ihn erfreut hätte. Dabei blieb es, trotz tastender Erkundungsversuche, zunächst auch nach der Abtretung des Gebiets durch Mexiko an die Vereinigten Staaten. Erst vor etwa 100 Jahren setzte die systematische Erforschung ein. Der bahnbrechende Pionier war John Wesley Powell. Im Bürgerkrieg hatte er den rechten Arm verloren. 1865 wurde er als Major aus der Armee entlassen. Anschließend studierte er Geologie.

Sein erstes Ziel war, die lange Schluchtstrecke des Colorado, die damals noch auf keiner Karte einigermaßen zutreffend eingezeichnet war, mit dem Boot zu durchfahren. Am 24. Mai 1869 startete er in Green River City, Wyoming, mit 9 Mann auf 4 Booten. Über den Green River erreichten die Männer den Colorado. Drei Monate waren sie auf dem wilden, gefährlichen Fluß unterwegs. Drei der Expeditionsteilnehmer hatten die Nerven nicht, die ständig drohende Gefahr durchzustehen. Sie verließen die Boote und versuchten durch die Felswände zum Canyonrand zu gelangen. Ausgerechnet sie aber fielen feindseligen Indianern zum Opfer. Nach der erfolgreichen Erstbefahrung der Coloradoschlucht startete Major Powell die zweite Flußfahrt am 22. Mai 1871. Dieses Mal ließ er sich viel Zeit zur geologischen Erkundung und Vermessung. Bei Lees Ferry unterbrach er das Unternehmen im Herbst. Im darauffolgenden Jahr wurden die wissenschaftlichen Arbeiten auf dem zweiten Flußabschnitt fortgesetzt.

Auch heute noch ist eine Fahrt durch die Coloradoschlucht trotz aller technischen Möglichkeiten abenteuerlich. Sie dauert von Lees Ferry, Arizona, bis zum Lake Mead, Kalifornien, 18 Tage; 378 Flußkilometer werden in dieser Zeit durchfahren. An die Stelle der Holzboote sind leichte Neopren-Schlauchboote getreten, von denen man jeweils drei zu einem Floß zusammenzurrt. Diese großen, beweglichen Plattformen bilden zusammen eine Fläche von 6,5 auf 8,5 Meter. Sie reiten gewissermaßen auf den Wellen und überbrücken Wellenberg und Wellental. Trotzdem machen die reißenden Stromschnellen auch die Fahrt auf dem Gummifloß nur zu oft zu einem Taucherlebnis. Gefürchtet sind vor allem die Lava Falls, 287 Kilometer von Lees Ferry entfernt. Dort schob sich, vor etwa einer Million Jahre, ein Lavastrom aus einem Seitencanyon in die Hauptschlucht vor und staute den Colorado zu einem See. Im Laufe der Zeit sägte sich der reißende Fluß durch die natürliche Sperrmauer hindurch. Geblieben sind bis heute die donnernden Stromschnellen.

Im Gebiet des 1919 gegründeten Nationalparks kann man jetzt auch aus der Tiefe der Schlucht zum Südrand und zum Nordrand aufsteigen. Die Zahl der Besucher ist seit der Gründung des Parks von 44 000 auf über 2 Millionen im Jahr gestiegen. Sicher, die meisten bleiben nur einige Stunden am Canyonrand und reisen weiter zu den anderen Naturwundern, die im trockenen Südwesten der USA am Wegesrand liegen. Erstaunlich viele Leute aber wandern auf dem Canyon Rim Nature Trail, einem Fußweg, der oft hart am Abgrund

Kaibab-Kalke

Redwall-Kalke

Tapeats-Sandstein

Tonto Plateau

Vishnuschiefer

entlang vom El Tovar Hotel zum Yavapai Point führt, und tun etwas für ihre naturwissenschaftliche Bildung. Über Pflanzen und Tiere, Indianer und frühe Pioniere, Wind und Wetter und natürlich auch die geologischen Zusammenhänge steht viel Wissenswertes, nett verpackt, für ein paar Cents in einem Faltblatt. Beachtlich groß ist die Zahl der jungen und älteren Wanderer, die in der Morgenfrühe auf einem der gut ausgebauten Pfade in die Schlucht hinabsteigen. 1300 Meter beträgt der einfache Höhenunterschied vom Südrand bis zum Fluß. 30 Kilometer lang ist der Weg hin und zurück. Wer es bequemer haben will, älter als 12 Jahre ist und nicht mehr als 91 Kilogramm wiegt, kann sich ein Maultier mieten. Die Tiere sind zuverlässig und unglaublich trittsicher. Jeweils ein rundes Dutzend Reiter schließt

sich einem ortskundigen Führer an. Das Schild am Beginn des Kaibab Trail, dem westlichen der beiden Saumpfade, weist kurz aber unmißverständlich darauf hin, daß es auf diesem Weg keine Wasserstelle gibt. Das mag am Yaki Point noch nicht als Problem erscheinen, wer aber ohne Trinkwasser im Gepäck losgeht, hat einen schweren Gang vor sich. Denn die Luft im Canyon ist unglaublich trocken, die Sonne strahlt ungehindert ein und wird von allen Felswänden reflektiert, zudem liegt die Temperatur in der Tiefe der Schlucht zwischen 11 und 15 Grad höher als an den Rändern. Da wird mit einem Mal ganz klar, daß der Colorado hier auf der geographischen Breite von Tunis fließt.

Auch in der Pflanzen- und Tierwelt läßt sich die Anpassung an verschiedene Klimazonen im Canyon gut erkennen. Auf dem 2500 Meter hoch gelegenen Kaibab Plateau im Norden wächst ein ziemlich geschlossener Wald von Coloradotannen, Stechfichten und Douglasien, durchsetzt von Laubhölzern und Sträuchern. Auf dem 400 Meter niedrigeren, deshalb auch trockeneren Coconino Plateau im Süden herrscht der lockere Gelbkiefer-Wacholder-Wald vor. Aromatische Kräuter und Kakteen wachsen dazwischen. Der offene Boden ist vielfach von dunklen Krustenflechten bedeckt. Je tiefer es in den Canyon hinunter geht, um so mehr ist die Pflanzenwelt an die extreme Trockenheit angepaßt. Zwergeichen, Bergmahagoni und Felsenrose können dichte Gestrüppe bilden. Wo es

In der Nähe von Grand Canyon Village steht ein Uran-Bergwerk an der Kante des Canyons. Im Hintergrund die San Francisco-Berge.

etwas kühler ist und Spuren von Wasser im Untergrund vorhanden sind, stehen kleine Nester von Ahorn und Douglasie. Yucca und Kakteen halten mit ihrem weit verzweigten Wurzelsystem und ihren hervorragenden Einrichtungen zum Verdunstungsschutz selbst da noch durch, wo alle anderen Pflanzen, bis auf die anspruchslosen Flechten, fehlen.

Im Canyonrand selbst sind, trotz des vorhandenen Wassers, die Lebensbedingungen ungünstiger als man denkt; die glatten und kompakten Granit- und Sandsteinwände bieten wenig Halt für Wurzeln, die Sand- und Kiesbänke werden vom Hochwasser überflutet und umgeschichtet. Für viele Pflanzen sind das unzumut-

bare Bedingungen. Trotzdem haben Tamarisken, Weiden und Pappeln, Riesenschilf und eine Reihe von Kräutern auch dort Fuß gefaßt.

Die Klimaschranke, die der Canyon quer durch den Westen Nordamerikas legt, wirkt sich in der Pflanzenwelt nicht besonders stark aus, obwohl bei manchen Arten, so bei der Wüstensonnenblume, drei verschiedene Rassen bekannt sind. Die eine lebt nur nördlich, die andere südlich des Canyon und die dritte östlich des Green River. Wahrscheinlich bildeten sie sich heraus, als sie durch das immer tiefer werdende Tal getrennt wurden. Einschneidender als für die Pflanzenwelt wirkte sich die Klimaschranke des Grand Canyon für die kleinen Tiere aus. Die Eichhörnchen, die am Nordrand leben, unterscheiden sich von ihren Vettern am Südrand durch Unterschiede in der Zeichnung. Auch bei den Baumstachlern, den Kaninchen und den Erdhörnchen gibt es im Norden und im Süden verschiedene Unterarten. Diese Entwicklung brauchte natürlich ihre Zeit, sie setzte aber erst voll ein, als sich der Colorado schon ziemlich tief eingeschnitten hatte, vielleicht sogar erst nach der Entstehung der inneren Schlucht. Dafür reicht wahrscheinlich eine Zeitspanne aus, die ungefähr die letzten 100 000 Jahre umfaßt.

In den grundverschiedenen Lebensräumen des Grand Canyon-Gebietes kommen auch recht unterschiedliche Tiere vor. Puma und Rotluchs streifen durch große Reviere. Winterliche Schneestürme auf der Hochfläche und Saharahitze in der Tiefe der Schlucht können ihnen nichts anhaben. Cojote und Fuchs finden ihr Auskommen genauso, wie das gefürchtete Stinktier. Kleine Nager, vor allem die Erdhörnchen, aber auch die Baumstachler, werden von ihnen gejagt. Gabelantilope und Dickhornschaf halten sich an die Höhen. Maultierhirsche und noch mehr die zierlichen Arizona-Weißwedelhirsche klettern fast wie Gemsen durch die steilsten, unzugänglichsten Felswände. Unter den Schlangen ist die Seitenwinderklapperschlange am bekanntesten, die sich mit zwei Windungen auf dem heißen Sand abstützt und seitlich davonschiebt. Gefährlich ist das Gilatier, eine giftige Krustenechse. Von den

Blick vom El Tovar Hotel nach Norden. Im schrägen Morgenlicht fällt die dunkle Seitenschlucht des Bright Angel Canyons, der sich fast geradlinig nach Norden erstreckt, besonders auf. Auch das wellige Tonto Plateau hebt sich deutlich heraus.

Bei hochstehender Sonne kann man vom südlichen Canyonrand aus in der inneren Granitschlucht den gelbbraunen Colorado River an zwei Stellen sehen.

Spinnen und Insekten soll hier nicht die Rede sein, aber hingewiesen sei noch auf die 180 Vogelarten, die es im Gebiet des Nationalparks gibt, vom Kolibri über den Rennkuckuck, der, ohne die Flügel zu benützen, mit bis zu 24 Stundenkilometer Geschwindigkeit seine Beute am Boden jagt, bis zum Steinadler.

Und nun noch einige Bemerkungen zur Entstehungsgeschichte des Grand Canyon: Vor 10 Millionen Jahren gab es weder die Hochfläche des Colorado Plateaus, noch die große Schlucht. Damals zogen träge Flüsse in weiten Schleifen durch ein Tiefland zum Meer. Schlamm und Sand lagerten sie ab und glichen damit die langsame Senkung der Erdkruste ungefähr aus.

Vor 10 Millionen Jahren — das ist die Meinung der Mehrzahl der Geologen, die sich mit dieser Frage befaßten — begann sich das Gebiet zwischen Großem Salzsee im Norden und Phoenix im Süden langsam zu heben, nicht gleichmäßig, sondern als riesige, flache Kuppel mit einigen Dellen. 2000 bis 3000 Meter machte diese Hebung im Bereich des heutigen Grand Canyon aus.

Man fragt sich natürlich mit Recht, wie es kommt, daß der Colorado nicht um die Aufwölbung herumläuft, sondern sie in seiner tiefen Schlucht durchschneidet. Eine erste Antwort darauf ist ziemlich einfach: Der Fluß war vor der Hebung da, und wie sich eine Säge, unter der ein Balken langsam angehoben wird, mit ihren scharfen Zähnen tiefer und tiefer in das Holz hineinfrißt, schaffte es auch der Colorado, sich mit Hilfe seiner »Sägezähne«, nämlich den Geröllen, fast genauso schnell in den Fels einzuschneiden, wie er sich aus dem Untergrund heraushob. Daß der Fluß sehr zu tun hat, um mit der Hebung fertig zu werden, bemerkt man auch in unseren Tagen an den zahlreichen, wilden Stromschnellen, wo der Kampf zwischen Wasser und Fels noch in vollem Gang ist.

Hier noch einige Zahlen: Durchschnittlich schleppt der Colorado täglich etwa 500 000 Tonnen Schlamm mit sich fort. Dazu kommen noch etwa 100 000 Tonnen Geröll und auch gelöste Stoffe. Bei Hochwasser kann die Schlammenge auf 2 750 000 Tonnen pro Tag ansteigen. Kein Wunder, daß Sven Hedin, der große schwedische Forschungsreisende bei einem Besuch des Grand Canyon das Wasser des Colorado mit dicker Erbsensuppe verglich. Die Wasserführung des Colorado ist im späten Frühjahr am größten. Sie kann dann bis 4000 Kubikmeter pro Sekunde erreichen. Im Herbst sinkt sie auf unter 100 Kubikmeter pro Sekunde ab. Diese großen Schwankungen sieht man auch den glattpolierten Wänden der Granitschlucht an.

Solange der Staudamm in Glen Canyon oberhalb der Einmündung des Little Colorado nicht gebaut war, soll der Fluß bei Hochwasser in der inneren Schlucht bis 30 Meter hoch gestiegen sein. Seit der Stausee die Hochwasserwellen abfängt, sind die Wasserstandsschwankungen wesentlich geringer. Seitdem findet der einsame Geologe des American Geological Survey, der in der Nähe der Phantom Ranch wohnt, auch wesentlich weniger Schlamm in seinen täglichen Wasserproben. Zur Zeit sind es noch etwa 80 000 Tonnen pro Tag. Der Rest lagert sich im vorgeschalteten Stausee ab und wird ihn über kurz oder lang bis zum Rande füllen. Ganz Entsprechendes spielt sich auch im über 200 Meter tiefen Lake Mead ab, dem 150 Kilometer langen Stausee am Ende des Canyon.

Die innere, schmale Schlucht ist fast ausschließlich ein Werk des Flusses, der sich in den Fels einsägte. Die Treppen- und Pyramidenlandschaft im 6,5 bis 29 Kilometer breiten oberen Canyon wurde nicht vom Fluß herausmodelliert; hier wirkten die vielfältigen Kräfte der Verwitterung der Wechsel von Hitze und Kälte, der vor allem im obersten Bereich auch zur Frostsprengung der Felsen des Kaibab-Kalks und des darunterliegenden Coconino-Sandsteins führen muß. Auch die Wurzeln der Pflanzen dringen in die feinsten Risse der Felsen ein und drücken sie um Bruchteile eines Millimeters auseinander. Schließlich fallen Splitter und Platten ab und reißen Sand und Staub mit in die Tiefe. Die Flechten zersetzen mit Säuren die Gesteins-

Die schmale Connection Bridge überspannt den Colorado und stellt im Bereich des Nationalparks die einzige Verbindung zwischen seinem Süd- und dem Nordufer her. Ein Stück flußaufwärts, rechts von der Brücke, liegt die Meßstation des Geological Survey.

Vor 30 Millionen Jahren gab es im Bereich des heutigen Colorado River zwei getrennte Flußsysteme. Das westliche entwässerte zum Golf von Niederkalifornien, das östliche vielleicht in einen großen See.

Das Gebiet zwischen den beiden Flußsystemen begann sich zu heben. Dadurch erhielt es mehr Niederschlag, außerdem erhöhte sich das Gefälle der Flüsse. Beides begünstigte den westlichen Fluß.

Vor etwa 10 Millionen Jahren näherte sich einer der westlichen Quellflüsse dem östlichen Flußsystem und zapfte es schließlich an. Danach begann sich der Colorado mit Hilfe des neu gewonnenen Wassers noch kräftiger einzuschneiden, der Canyon entstand.

Entstehungsgeschichte des Canyon im einzelnen noch keineswegs geklärt. Vieles spricht dafür, daß es ursprünglich zwei Flußsysteme im Westen und im Osten der Aufwölbung gab. Einen »Ur-Untercolorado« im Westen — auch Hualapai-System genannt — und einen »Ur-Obercolorado« im Osten. Der Ur-Untercolorado begann etwa da, wo heute der Lake Mead liegt. Der Ur-Obercolorado floß vom Ursprung des heutigen Colorado durch das Tal des Little Colorado nach Süden. Wohin? Das kann man nicht sagen. Der Ur-Untercolorado fraß sich mit seinen Quellflüssen von Westen her mehr und mehr in das Aufwölbungsgebiet hinein. Schließlich erreichte einer seiner Quelläste, der etwa dem heutigen Grand Canyon-Verlauf entsprach, bei Cape Solitude den Ur-Obercolorado und zapfte ihn an.

Ob es wirklich so war, läßt sich mit letzter Genauigkeit nicht beweisen. Einiges scheint auch dafür zu sprechen, daß der Ur-Colorado schon vor der Hebung aus der Gegend seines heutigen Ursprungs bis in den Pazifik floß. Die merkwürdige Kurve, die er im Bereich des Canyon nach Süden beschreibt, wäre dann darauf zurückzuführen, daß er auf den nach Süden einfallenden Schichten gewissermaßen ausrutschte.

10 Millionen Jahre hat es gedauert, bis das größte Tal der Erde seine heutige Dimension erreichte. 10 Millionen, das ist, gemessen an der Dauer der Erdgeschichte, die sich an den Wänden des Grand Canyon offenbart, nur eine kurze Zeit. Für uns Menschen ist sie unvorstellbar lang. Das Alter der Schichten überfordert vollends jedes menschliche Vorstellungsvermögen. Am ältesten sind die kristallinen Schiefer ganz unten in der Schlucht. 2 Milliarden Jahre ergab

oberfläche, und der Wind bläst die Kanten frei. Wenn es dann regnet, tragen zahllose Rinnsale das Lockermaterial durch die Seitenschluchten bis hinab zum Fluß. Zwei Zentimeter im Jahrhundert etwa, das ergibt eine Schätzung, beträgt die Abtragung des Gebiets. Das ist, gemessen an der Trockenheit des Colorado Plateaus, sehr viel.

Obwohl man sich grundsätzlich darüber einig ist, daß es vor der Hebung schon ein Flußsystem gab, das sich im Laufe der Aufwölbung mehr und mehr eingetieft hat, ist damit die

die Altersbestimmung nach der Uran-Blei-Methode für den Vishnu-Gneis. Lebensspuren fand man in diesen Gesteinen nicht. Über den kristallinen Schiefern und den jüngeren Granitergüssen liegt ein schräg gestellter Kalkhorizont. Diese Bass-Kalke wurden im Algonikium, das noch zur Urzeit der Erde gehört, gebildet. In ihnen findet man eindeutige Hinweise auf die Tätigkeit von Kalkalgen. Genauso wie die Bass-Kalke liegen auch die Schiefer und die Sandsteine darüber schräg, obwohl sie einst mit Sicherheit waagrecht abgelagert wurden. Bewegungen der Erdkruste haben die Schichtpakete zerbrochen, hochgehoben und in großen Blöcken schräg gestellt. Ein Gebirge entstand, das im Laufe der Zeit bis auf kleine Reste abgetragen wurde. Diese Landoberfläche senkte sich erneut bis unter den Meeresspiegel. Auf ihr lagerten sich nun nach einer Zeitspanne, die wahrscheinlich 500 Millionen Jahre betrug, wiederum Sand, Ton und Kalk ab. Zwischen der Oberfläche der schräg gestellten Schichten und dem darüberliegenden Tapeats-Sandstein fehlen die Belege für einen Zeitraum, der fast so lange war, wie die Zeit, die seit der Bildung des Tapeats-Sandsteins bis heute — 600 Millionen Jahre — vergangen ist.

Viele 100 Meter mächtige Ablagerungen von Ton, Sandstein und Kalk folgten im Laufe der Zeit. Der größte Teil lagerte sich in einem Flachmeer ab. Ab und zu hob sich das Gelände auch etwas über den Wasserspiegel. Das kann man beweisen, denn die Meeresablagerungen enthalten Reste von Meerestieren, vor allem Muscheln und Fischen. Die Festlandsablagerungen zeichnen sich durch Landpflanzen und Spuren von Kriechtieren aus. Am Ende des Erdaltertums wurden die Kaibab-Kalke vor etwa 230 Millionen Jahren abgelagert. Mit ihnen endet das Profil des Grand Canyon. Jüngere Schichten findet man nur am Cedar Mountain und am Rande der großen Aufwölbung.

Im Yavapai-Museum sind 15 Ferngläser auf die bemerkenswertesten Stellen des Canyon eingesetzt. Wissenschaftler und »naturalists« erläutern die Entstehung und Entwicklung der gewaltigen Schlucht. 100 000 Menschen hören ihre Vorträge im Laufe eines Jahres. So groß ist das Interesse für die erdgeschichtlichen Zusammenhänge. Das ist kein Wunder, denn wer am Rande des Grand Canyon stand, einen Morgen erlebte, an dem die aufgehende Sonne mit glühenden Linien Konturen in die abgrundtiefe Finsternis zeichnete, wer sah, wie Licht und Schatten, Form und Farbe sich im Laufe eines Tages wandeln, wer den beschwerlichen Weg hinab zum Fluß und wieder zurück auf sich nahm, will wissen, was es mit diesem, dem größten Tal der Welt, dem »Gebirge nach unten« auf sich hat.

Gebirge nach unten? Warum nicht? Könnte man den Canyon mit Gips ausgießen, die Gußform herausnehmen und umdrehen, dann könnte sie mit dem Apennin zwischen Genua und Rimini, oder einem verlängerten Schwarzwald zwischen Basel und Koblenz konkurrieren, nur wäre das Grand Canyon-Gebirge nicht ganz so breit.

Ob man das riesige Tal als einzige Vertiefung der Erdkruste vom Mond aus erkennen kann? Geklärt ist diese Frage durch die Apolloflüge nicht. Sein könnte es nach den Berechnungen des deutschen Geologen Hans Closs durchaus; immerhin ist der Grand Canyon das größte Tal der Erde, das einzige mit den Ausmaßen eines Gebirges.

Auf dem Flug von Grand Canyon Airport nach Las Vegas hält sich die Maschine an eine der schönsten Aussichtsrouten der Welt.

Göreme — Land der tausend Pyramiden

Nicht im Land der Pharaonen, nicht bei den Mayas und Azteken stehen die tausend Pyramiden. Im Hochland der Türkei, in Kappadokien, liegt dieses Pyramidenland. Die Kräfte der Natur haben es geschaffen, nicht Sklavenheere und Menschenhände. Aus vulkanischem Tuff formten Regen und Wind in Jahrmillionen eine bizarre Mondlandschaft: spitze Säulen und Kegel, Türme, Zuckerhüte und Pyramiden! Übrigens, die Zahl 1000 ist viel zu niedrig gegriffen, 20 000 wäre eher richtig!

Wenn im Sommer die Luft über dem heißen Land flimmert, wirkt es abweisend, lebensfeindlich. Unglaublich still ist es dann, nur ein Esel jammert in der Ferne, ein Taubenschwarm erhebt sich mit klatschenden Flügelschlägen über ein Stoppelfeld, am wolkenlosen Himmel ziehen Schmutzgeier ihre Kreise. Selbst der Omnibus, der auf der neuen Asphaltstraße durch das Tal rollt, kann das Gefühl der Leere nicht vertreiben. Um keinen Preis ist man bereit, der Statistik zu glauben, daß ausgerechnet hier mehr Menschen auf dem Quadratkilometer leben sollen, als im übrigen Anatolien. Und dennoch, es ist so! Selbst wenn man die Bevölkerung der Städte Kayseri, Ürgüp und Nevsehir abzieht, es bleibt dabei, daß dieses zerklüftete, zerrissene Land den Bauern mehr zu bieten vermag, als die weiten Ebenen.

Die Menschen haben sich vor der Hitze des Tages in ihre Häuser zurückgezogen. Viele dieser Häuser sind kaum zu sehen, sie liegen nämlich unter der Erde. Die Wohnräume sind aus dem weichen Tuff herausgearbeitet, nur Türöffnungen und Fensterhöhlen in den Talwänden verraten sie, manchmal auch ein kunstvoll aus dem Tuff herausgemeißeltes Portal. Höhlenwohnungen also! Wer denkt da nicht an Kälte, Feuchtigkeit und Dunkelheit! In Kappadokien ist das ganz anders: da sind diese Höhlen nicht kalt, sondern angenehm kühl, nicht feucht, sondern nur weniger trocken und nicht schaurig dunkel, sondern eben angenehm dämmrig. Das sind Eigenschaften, die man sich von einer Wohnung

Bild links: Ein harter Lavastrom liefert die Decksteine für diese Tuffpyramiden.

Göreme liegt im Hochland von Anatolien nahe der alten Stadt Kayseri.

in diesem Landstrich nur wünschen kann, abgesehen davon, daß die Höhlenwohnungen im eisigen anatolischen Winter sogar mollig warm sind. Nicht umsonst hat sich diese Art zu wohnen in Kappadokien seit Jahrtausenden bewährt. Ein Vorteil der »Höhlenwohnkultur« sei noch besonders vermerkt: sie verbraucht kaum Siedlungsfläche, die Bauern können unter ihrem Acker wohnen. Fast möchte man sagen: Zur Nachahmung empfohlen!

In der Türkei hat man die Vorteile der Höhlenarchitektur in jüngster Zeit wiederentdeckt; es ist kein Zufall, daß man in den letzten Jahren das exklusive Rock Hotel bei Uçhisar zum größten Teil in einen Tuffhang hineinmodelliert hat. Mit schiefen und runden Wänden, Kuppeln und Bogengängen, Tuffschnitzereien und Plastiken hat man alle Möglichkeiten der Höhlenarchitektur ausgeschöpft. Im Sommer, wenn die meisten Touristen kommen, kann man sich sogar die teure Klimaanlage schenken.

Vom Rock Hotel aus sieht man bei klarer Sicht in der Ferne eine breite, regelmäßig geformte Bergpyramide fast 3000 Meter über das Hochland aufsteigen. Bis in den Sommer hinein trägt der Gipfel dieses Berges Schnee. Ercyas Dagı (gesprochen wie Erdschias Dah) nennen ihn die Türken, Mons Argaeus hieß er bei den Griechen und Römern. Mehr als 30 Kilometer breit ist seine Basis, 3916 Meter erreicht der einsame Gipfel.

Der Ercyas Dagı, der Hasan Dagı, im Süden und eine Reihe weiterer Vulkanberge waren in der Tertiärzeit, vor etlichen Millionen Jahren, äußerst aktiv. Aus dieser Zeit stammen die bis zu 500 Meter mächtigen, vulkanischen Tuffablagerungen, die eine Fläche von rund 300 Quadratkilometer bedecken. Mit einer breiten

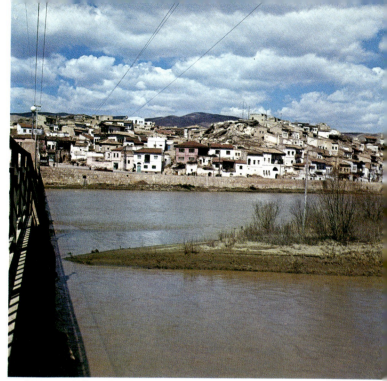

Todeszone umgaben sich die feuer-speienden Berge Kappadokiens im Tertiär. Immer und immer wieder überschütteten sie das Vorland mit vulkanischer Asche und den Ablage-rungen glühend heißer Glutwolken. Sie schleuderten gewaltige Bomben aus, die auch heute noch im Tuff stek-ken. Wie glühende Finger schoben sich Lavaströme in die Aschenland-schaft vor.

Inzwischen scheint der Vulkanismus Mittelanatoliens zur Ruhe gekom-men zu sein. Zumindest hält er sich seit Jahrtausenden zurück. Der letz-te Berichterstatter, der über vulkani-sche Erscheinungen am Ercyas berich-tete, war der griechische Reiseschrift-steller Strabo. Er lebte in der Zeit um Christi Geburt.

Aus der vulkanischen Asche von einst ist im Laufe der Zeit ein gleich-förmiges, feinkörniges, ziemlich wei-ches, aber keineswegs mürbes Ge-stein geworden. Man kann es mit dem Taschenmesser bearbeiten und findet in der tonreichen Grundmasse weißen Bims und dunkle Lavastück-chen, Feldspatkristalle und Glimmer-plättchen. Durch Verwitterung ent-steht aus dem Tuff am Ende ein mi-neralstoffreicher, fruchtbarer Acker-boden. Das ist allerdings erst der Ab-schluß einer langen Entwicklung, die mit der Ablagerung des vulkanischen Lockermaterials begann.

Schon die wolkenbruchartigen Gewit-terregen, die fast jeden großen Vul-kanausbruch begleiten, dürften tiefe Rinnen und Schluchten in die Asche gerissen haben. Man kann sich leb-haft vorstellen, wie sich schwere, ver-heerende Schlammströme aus dem Aschengebiet in das Vorland hinaus-wälzten. Seither hat jeder Regenguß diese Arbeit fortgesetzt. Im Laufe der Zeit jedoch hat sich die Asche mehr und mehr zu Tuff verfestigt,

und Regenfälle, die lange andauern, sind heute im Hochland von Inner-anatolien ziemlich selten. Nur 300 bis 400 Millimeter Niederschläge werden gemessen. Als Schnee und Regen fallen sie im Winterhalbjahr. Allerdings darf man nicht vergessen, daß es zwischen der Tertiärzeit und heute eine Reihe von Eiszeiten gab, in denen es erheblich mehr regnete als zur Zeit. Die Tafelberge und ihre Vorsprünge, die zahllosen Säulen, die Türme und Pyramiden Kappado-kiens sind nichts anderes, als mehr oder weniger große Reste einer einst zusammenhängenden Tuffdecke. Die Täler fressen die Berge auf, sie sind nur auf Zeit geduldet! Wenn man sich einen Tuffhang bei Regen an-schaut, kann man beobachten, wie diese Berge angegriffen werden, wie sie das Wasser als Sand und Schlamm im Bach talab schleppt und schließlich dem großen Fluß übergibt, der sie ins Meer trägt. Nicht umsonst heißt der große Fluß dieser Landschaft Kısıl Irmak, das heißt so viel wie roter, schlammbeladener Fluß.

Jeder Regentropfen, der auf den Tuff

Der Kısıl Irmak, der Rote Fluß, führt den losgeschwemmten Bo-den ins Schwarze Meer.

Bild links oben: Viele der großen Tuffpyra-miden sind ausgehöhlt und bewohnt. Im Hin-tergrund der Vulkan Ercyas Dagı.

Bild links unten: Aus dem Rock Hotel, das im Untergeschoß fast ganz aus dem Tuff herausgearbeitet ist, blickt man auf die alten Höhlenwohnungen in der gegenüberliegen-den Talwand.

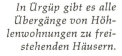

In Ürgüp gibt es alle Übergänge von Höhlenwohnungen zu freistehenden Häusern.

Auch als Baustein wird der weiche Tuff verwendet und als Werkstein für kunstvolle Steinmetzarbeit (rechts).

fällt, schlägt ein paar Körnchen los und nimmt sie mit. Je weicher und lockerer die Stelle ist, die er trifft, um so größer ist seine Wirkung. Das heißt aber auch, daß jedes Steinchen, von dem die Regentropfen abprallen, regelrecht herausmodelliert wird. Unter ihm bleibt der weichere Tuff erhalten. Eine winzige Erdpyramide mit einem Deckstein bildet sich.

Nach dem gleichen Prinzip sind auch die hohen Hutfelsen entstanden, die in der Nähe der Stadt Ürgüp stehen. Dort decken aber nicht kleine Steinchen, sondern große Lavabrocken den weichen Tuff gegen das Regenwasser ab, und das nicht nur einen Winter lang, sondern über Jahrhunderte und Jahrtausende hinweg. Gar nicht selten bleibt unter einem harten Lavastrom ein ganzer Grat, eine Tuffmauer, erhalten. Je nachdem, wie die Risse durch den Lavazug verlaufen, brechen dann einzelne Blöcke heraus, so daß am Ende eine ganze Reihe von hintereinander stehenden Hutfelsen übrig bleibt. Je weiter vom Hang entfernt die einzelnen Säulen stehen, desto tiefer liegen die Deckblöcke. Das ist auf den ersten Blick verwunderlich, denn ursprünglich befanden sich alle ungefähr auf der selben Höhe. Doch wenn man sieht, wie ein Teil des Regenwassers um den Block herumläuft und die Unterlage aufweicht, versteht man, daß sich der

tonnenschwere Deckblock im Laufe der Jahre Millimeter um Millimeter eindrückt und ganz langsam tiefer sackt. Eine ähnliche Wirkung hat auch der winterliche Frost, sobald sich in der Feuchtigkeitszone unter dem Block Eisnadeln bilden. Diese an sich so zerbrechlichen Gebilde schaffen es aber zu Tausenden doch, die Tonnenlast des Blocks um Bruchteile eines Millimeters hochzustemmen, um ihn dann bei Tauwetter langsam ein winziges Stück tiefer zurücksinken zu lassen.

Solange der Block im Gleichgewicht bleibt, ändert sich der Zustand der Erdpyramide nur langsam. Sobald er aber abrutscht, geht es mit der schutzlos gewordenen Tuffsäule ziemlich rasch zu Ende. Sie wird abgewaschen und abgetragen, und schließlich erinnert nur noch ein kleiner Höcker daran, daß auch hier einst eine Erdpyramide stand. Im Laufe ihres »Lebens« entwickelte sie sich aus dem Hang heraus, um schließlich in einem immer breiter werdenden Tal zu enden. Das ist das Schicksal aller Türme, die sich heute noch wie eine Schar stummer Kapuzenmänner an den Berg lehnen, die Jüngsten dicht am Hang, die Alten, sturmerprobten, auf verlorenem Vorposten. Doch nicht alle Erdpyramiden sind von Deckblöcken gekrönt. Richtige Hutfelsen sind sogar die Ausnahme

Der Regen schlägt den feinen Tuff los und präpariert jeden Stein frei. Im Hintergrund einer der hohen Tuffberge.

Der Vulkan Ercyas Dagı — im Hintergrund — lieferte das Material, aus dem die Tuffnadeln und ihre Decksteine bestehen.

in Kappadokien. Meist sind die Türme einfach als Rest zwischen den Tälern und Tälchen stehen geblieben. Der Tuff muß dann allerdings so standfest sein, daß er nicht gleich in sich zusammenbricht oder abschmiert, wenn die Hänge steiler werden.

In der Morgenfrühe und am späten Nachmittag, sobald die Hitze des Tages gebrochen ist, gehen die Bauern auf ihre Felder in den Tälern. Getreide und Kartoffeln pflanzen sie im tiefgründigen, kalireichen Boden an. In den engen, schattigen Schluchten stehen Obstbäume. Besonders Nüsse und Maulbeeren gedeihen dort prächtig. Wo Wasser zur Verfügung steht, wurden in letzter Zeit große Orangenplantagen angelegt. An den flachen, trockenen Hängen wachsen Reben. Daß es Weinbau in Kappadokien gibt, ist eigentlich verwunderlich, denn nach den strengen Vorschriften des Koran wäre er im rein mohammedanischen Gebiet nicht zu erwarten. Wenn man der Sache nachgeht, entdeckt man auch bald, daß die Ursprünge des Weinbaus auf die Zeit vor der Eroberung Kleinasiens durch die Mohammedaner zurückgehen.

Im 7. Jahrhundert war Kayseri, das alte Caesarea, Mittelpunkt der anatolischen Christenheit. Ja, bis in unser Jahrhundert hinein gab es noch christliche, griechische Gemeinden in Kappadokien.

Bild links:
Die Decksteine der Tuffpyramiden sinken im Laufe der Zeit tiefer und tiefer, fallen schließlich ab und geben den weicheren Tuff zur Abtragung frei.

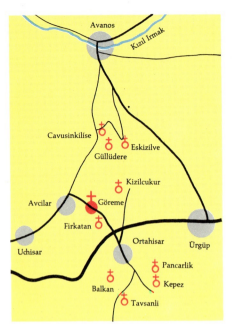

Zwischen Uçhisar, Avanos und Ürgüp liegen die bemerkenswertesten Höhlenkirchen.

Im Rahmen des griechisch-türkischen Bevölkerungsaustausches verließen im Jahr 1924 die letzten Griechen das Land. Damit ging auch die lange Geschichte der christlichen Gemeinden in Kappadokien zu Ende. Als Erinnerung blieben einige griechische Ortsnamen wie Avanos und Sinasos, ungezählte Kirchen, Klosteranlagen und Wohnungen im Tuff und eben der Weinbau.

Vom 7. Jahrhundert bis in das 13. Jahrhundert hinein lebten christliche Mönche und ihre Anhänger in den Tälern der Tufflandschaft rings um den Ercyas Dagı. Berühmt sind vor allem das Tal von Göreme, in dem nicht weniger als 17 Kirchen und 3 Klöster auf engem Raum beieinander stehen und die Täler von Avcilar, Zelve und Soganli. Allerdings sieht man nirgends Mauern, keine Kuppeldächer wölben sich in den Himmel, vergeblich hält man nach Glockentürmen Ausschau; die Mönche bauten im Untergrund. Sie höhlten, wie schon die bronzezeitlichen Hirten, deren Siedlungsspuren man gefunden hat, den Tuff aus. Nicht wie Maurer

arbeiteten die frommen Männer, sondern wie Bildhauer. Wohnzellen, Kirchenräume mit Treppenaufgängen und Portalen schnitzten sie aus dem naturgegebenen Baumaterial.

Die Pfeiler der Hallen wurden nicht aufgerichtet, sondern aus dem weichen Gestein herausmodelliert. Selbst der Altar, das Chorgestühl, die Sessel und die Tische, ja das Kreuz an der Wand, entstanden auf diese Weise. Nicht umsonst nennt man diese Art zu bauen auch »negative Architektur«.

Es gibt prächtig ausgemalte Kirchen mit der Lebens- und Leidensgeschichte Jesu und der Heiligen. Fisch und Palme, Taube und Weinstock, finden sich neben dem Kreuz als Symbole des Christentums. Hin und wieder entdeckt man auch einen brüllenden Stier, einen drohenden Löwen und andere Tiergestalten, die an ältere, vorchristliche Religionen erinnern. Mit leuchtenden Temperafarben wurden die Bilder direkt auf den Tuff gemalt. In den dunklen und abgelegenen Räumen haben sie sich gut erhalten. In manchen Kirchen verzich-

teten die frühen Christen aber ganz bewußt auf die Pracht der Bilder; von 726 bis 843 war die bildliche Darstellung sogar ganz verboten. Damals wurden die Räume nur mit einfachen, roten Strichornamenten ausgemalt. Gar nicht so selten hat dann der treuherzige Maler seine ganze Kunst darauf verwandt, die Umrandung von Steinquadern und Balken an die gewölbte Decke zu malen. Wahrscheinlich war ihm die bausteinlose Architektur doch nicht ganz geheuer.

Neben den geräumigen Klöstern und Kirchen findet man hoch oben in der Steilwand, manchmal sogar in der Spitze einer Tuffnadel, kleine, bescheidene Zellen. Dort haben Einsiedler gelebt, weltabgewandt, mit allen Gedanken auf das jenseitige Leben gerichtet. Ein Korb am langen Seil genügte ihnen, um einen Krug mit Wasser und spärliche Nahrung in ihre Kammer hinaufzuziehen. In diesen hochgelegenen Klausen nisten heute meist die Tauben der Bauern. Manche der großen Tufftürme sind ausgehöhlt wie Termitenbauten. In

Stockwerken übereinander, durch enge Treppengänge verbunden, liegen Kirchen, Speiseräume und Wohnungen. Nur wenige Luft- und Gucklöcher durchbrechen die äußere Schale. Man wird den Gedanken nicht los, daß die Mönche und ihre christliche Gemeinde im Untergrund nicht nur vor Wind und Wetter, Hitze und Kälte Schutz suchten, sondern auch vor ihren Feinden. Der Gedanke liegt um so näher, als gerade zu jener Zeit die Araber ihren neuen Glauben mit Feuer und Schwert auszubreiten begannen und auch in Kleinasien einfielen. Wahrscheinlich ist deshalb ein großer Teil der Kirchen und Klöster mit ausgezeichneten Verteidigungsanlagen versehen. Ihre Zugänge sind nämlich oft so versteckt, daß man sie kaum findet, außerdem sind sie so niedrig und eng, daß man gebückt gehen muß und die Körperkraft gar nicht entfalten kann. Aus der Wand heraus lassen sich die Gänge durch mühlsteingroße Rolltüren verschließen. Oft sind über oder neben dem Zugang noch Verteidigungsgänge angelegt, aus denen die Mönche und

Die Tuffpyramiden im Tal von Göreme sind fast durchweg ausgehöhlt. Sie enthalten zum Teil prächtig erhaltene frühchristliche Kirchen.

Bild oben Mitte: Wo der Tuff standfest genug ist, sind zur Pyramidenbildung keine Decksteine nötig. Zwischen den Rinnen, die das Wasser in die Hänge reißt, bleiben einzelne Kegel stehen. Wind und Wetter schleifen sie rundlich.

111

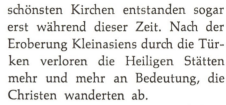

ihre Mitstreiter nach unerwünschten Besuchern schießen und stechen konnten.

Jahrhundertelang waren die Felsenklöster Kappadokiens ehrwürdige Wallfahrtsstätten. Heilige kamen hierher, um zu beten, byzantinische Prinzen zogen sich in die klösterliche Einsamkeit zurück. Selbst Kaiser Barbarossa soll im Tal von Göreme gewesen sein, bevor er weiterzog und 1190 im Göksu ertrank. Ob es wirklich so war? Genaues ist nicht überliefert. Man kennt auch weder den Anfang noch das Ende der christlichen Gemeinschaften rings um Göreme genau. Unter den seldschukischen Eroberern im 11. und 12. Jahrhundert konnten sich die Christen noch ziemlich frei bewegen. Die schönsten Kirchen entstanden sogar erst während dieser Zeit. Nach der Eroberung Kleinasiens durch die Türken verloren die Heiligen Stätten mehr und mehr an Bedeutung, die Christen wanderten ab.

Eine 500 Jahre dauernde, schläfrige Ruhe kehrte im anatolischen Hochland ein, die auch durch die Kriege an den Grenzen des großen türkischen Reiches nicht erschüttert wurde. Vieles geriet in Vergessenheit. Märchen und Sagen überwucherten die geschichtlichen Überlieferungen; aus einem mehrgeschossigen Felsenkloster, dessen Außenwand Wind und Wetter aufgebrochen hatten, wurde Aksyray, der offene Palast. Aus den durchlöcherten Tuffnadeln wurden Peribacalari, Feentürme. »Sesam öffne dich!« sagte Ali Baba, und eine geheime Tür glitt zur Seite, um den Weg in die Tiefe des Berges freizugeben. Die Tür des Berges Sesam, war das eine Rolltür? Ist es ganz unwahrscheinlich, daß sich die Panzerluken der unterirdischen Gänge nur auf ein Losungswort öffneten?

Erst in den letzten Jahren wurde man noch auf andere, riesige Hohlraumsysteme im Tuff Kappadokiens aufmerksam. Türkische und deutsche Forschungsgruppen, unter ihnen vor allem Martin Urban und seine Mitarbeiter, entdeckten die größten unterirdischen Fluchtburgen, die Menschen wohl jemals hergestellt haben. Sie sind viel älter als die Felsenkirchen. Vielleicht wurden sie schon 2000 Jahre v. Chr. gegen die Hethiter angelegt und später gegen die raubenden und mordenden Assyrer, die vor allem im 9. Jahrhundert v. Chr. das Hochland heimsuchten, ausgebaut und verstärkt. Auch später war an Eroberern und Plünderern kein Mangel in diesem Land, so daß die Tradition der verborgenen Städ-

112

te, die man heute mit dem türkischen Begriff dafür Jeralti Schechri nennt, wahrscheinlich ohne Unterbrechung bis in die christliche Zeit reicht.

Bei Avanos gibt es eine Jeralti Schechri, in der, unter einer Oberfläche von etwa 6 Quadratkilometern, 60 000 Menschen leben konnten. Bis zu 100 Meter tiefe Lüftungsschächte versorgen 7 Stockwerke. Meist erreichen diese Schachtanlagen an der tiefsten Stelle das Grundwasser, so daß sie gleichzeitig als Brunnen und als Schnorchel dienen konnten. Wohnräume, Versammlungshallen, Vorratslager, ja sogar Stallungen und Friedhöfe liegen unter dem Boden, um nicht in Zeiten der Gefahr aus dem sicheren Untergrund auftauchen zu müssen. Von Stockwerk zu Stockwerk führen enge, gewundene Gänge, die mit Rollverschlüssen versperrt werden können.

Mehr als 30 solcher Jeralti Schechri wurden bisher in Kappadokien entdeckt, und bestimmt sind es noch lange nicht alle. Zugänglich für Touristen sind inzwischen Kaymakli mit 5 Stockwerken und Deriakuyu, das 8 Stockwerke aufweist. Noch weiß man nicht genau, wer sich im kappa-dokischen Untergrund verschanzte, ob und wie lange die Fluchtburgen der türkischen Bevölkerung bekannt waren. Noch sind die christlichen Kirchen im Umkreis des Ercyas Dagı kaum gezählt, nur wenige sind wirklich fachmännisch bearbeitet. Kein Wunder in einem Land, dessen Boden so reich an Zeugnissen erdgeschichtlicher und kultureller Entwicklungen ist.

Bilder links oben und Mitte: Aus dem Tuff herausgehauene Säulen und prächtige Gemälde zeichnen die alten griechischen Höhlenkirchen aus.

Zur Klause hoch im Fels führt eine ausgehauene Leiter.

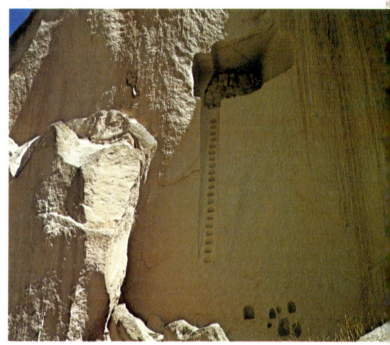

Bild links unten: Im Sockel dieses Tuffturms gibt es eine kleine Kirche. Auch die Spitze des Turms ist ausgehöhlt. Dort lebte wohl ein Eremit.

Riesige unterirdische Städte entdeckte man in Kappadokien. Mit Rollverschlüssen ließen sich ihre Gangsysteme sperren.

Ayers Rock — Roter Fels im roten Herzen

»QANTAS — Damaskus — Bahrein — Bangkok — Singapur — Sydney!«
»Jede Reise nach Sydney ist eine Reise um die Welt! Es liegt bei Ihnen, die Route zu bestimmen.« So Claus Hahn, QANTAS-Manager in Frankfurt.

Noch blinken die Einsteigezeichen, die Gedanken aber eilen dem silbernen Jet mit dem fliegenden Känguruh weit voraus, um die halbe, um die ganze Welt.

Die Langstreckenversion der bewährten Boeing 707 jagt über die Piste, läßt die Lichter von Frankfurt, Wiesbaden und Mainz hinter sich und geht auf Südostkurs: Damaskus um Mitternacht. Flackernde Erdgasfakkeln über den Ölfeldern am Persischen Golf. Auftanken in Bahrein, die kalten Scheiben beschlagen sich. Start in der Morgendämmerung. Glutrot leuchtet die Sonne über dem Golf.

Arabisches Meer. Die Berge Belutschistans. Delta und Sumpfland der Indusmündung. Die Regenfront des Monsuns über Indien. Blau der Golf von Bengalen. Gelbbraun die Arme des Irawadi. Rangun mit goldenen Türmen. Urwaldberge, Reisfelder, Flüsse und Kanäle. Bangkok. Mit sinkender Sonne auf Südkurs nach Singapur. Der Steward reicht exoti-

sche Früchte: Papaya, Liches, Chinesische Stachelbeeren, Mango und Ananas. Äquator. Schwarze Nacht verhüllt die Inseln Indonesiens. Eine glühende Schlange von Horizont zu Horizont!
»Lava?«
»O no, that's the burning bush.«
Ganz selbstverständlich scheint das zu sein; der graumelierte Herr hebt noch nicht einmal die Stimme bei der Feststellung, daß der australische Busch brenne. Wieder Dunkelheit, bis auf die eiskalt glimmenden Sterne. Die Passagiere schlafen oder versuchen es zumindest. Im Cockpit »schießt« der Navigator die Sterne, die Route wird auch im Zeitalter von Radar und Richtfunk, wie in der

Bild links: Aus der roten Wüstensteppe Zentralaustraliens erhebt sich unvermittelt der Felsklotz des Ayers Rock.

Von Sydney über Adelaide und Alice Springs führt der Flug zum roten Felsen.

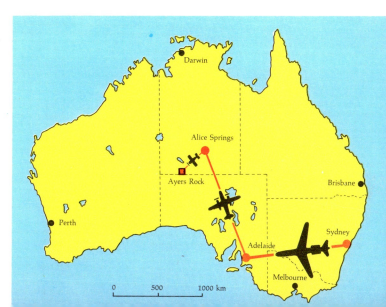

Zwischenlandung in Bangkok

Bild ganz oben: Der »Rund-um-die-Welt-Jumbo« der QANTAS verbindet Europa mit Australien aufs Allerbeste.

Seefahrt seit eh und je, an den Gestirnen überprüft. Wieder erstrahlt der Osthorizont in flammenden Farben, spiegelt sich in den Bächen und Stauseen der australischen Alpen und vergoldet die Skyline der Millionenstadt Sydney. Zwei kurze Nächte und ein kurzer Tag; 36 Flugstunden vom Alten zum Neuen Kontinent.

Herrlich! Die große Stadt am Meer, das weite, freie Land. 8 Millionen Quadratkilometer für 12 Millionen Einwohner!

Die Fokker Friendship der ANSETT fliegt in die Nacht, mitten in das Herz Australiens, nach Alice Springs. Rot ist das Herz, der Boden, die Felsen, die Berge. Tot ist es nicht, zumindest nicht für den, der noch bereit ist, dem Leben auch da nachzuspüren, wo es nicht in üppiger Fülle wuchert, für den Geologen stellt sich diese Frage schon gar nicht.

Die zwei singenden Propellerturbinen senken die Frequenz, die Maschine geht tiefer. In der Ferne Lichterketten, ein leuchtendes Schachbrett: »The Alice!« Eine Bergkette wächst aus dem Boden und schiebt sich über die flimmernden Lichtpunkte. Landescheinwerfer zerschneiden die Nacht. Ein weites Rollfeld und ein freundlicher Flughafen. Der liebenswürdige Taxifahrer packt mit Ruhe und Gelassenheit 2 Lederkoffer und 2 Ledertaschen, 1 Metallkoffer und 4 Rei-

setaschen, 1 Stativ und 2 Kameras, 1 Tonbandgerät und 4 Fotoapparate und, mit fragendem Blick, schließlich auch 1 schweres Unterwassergehäuse in seinen Wagen.

Nein! Tauchversuche stehen nicht auf dem Programm für Zentralaustralien; die Quellen, Flüsse und Seen, die manche Karten zieren, gibt es nicht, zumindest heute gibt es sie nicht. Sie kommen in den wenigen nassen Jahren, versickern und verdunsten, vergehen in den langen Trockenperioden fast spurlos und sind fast vergessen, bis wieder ein Gewittersturm reißende Sturzbäche durch die Täler jagt und die flachen Senken in uferlose Seen verwandelt.

Selbst das Riverside Hotel in Alice Springs macht seinem Namen in den nassen Zeiten Ehre; dann liegt es nicht nur auf dem Stadtplan am breiten Todd River. Das wechselhafte Wetter ist übrigens schuld, daß sich die Stadt seit einer verheerenden Trockenheit und den nachfolgenden Überschwemmungen von 1966 und 1967 von der früheren Erwerbsquelle, der Viehzucht, mehr und mehr abgewandt hat. Von Jahr zu Jahr steigt die Zahl der Touristen, die der ganzjährige Sonnenschein, die gesunde, trockene Luft und die vielfältigen Möglichkeiten des Great Outback, der grenzenlosen Wildnis in der Mitte Australiens, lockt. Hotels und Mo-

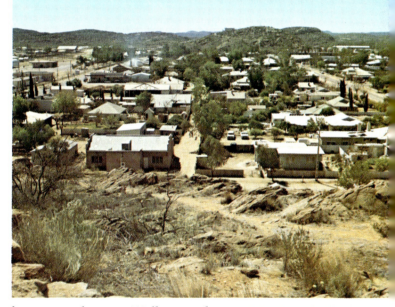

tels zeichnen das neue Alice Springs aus. Immer mehr entwickelt sich die Stadt mit ihren beinahe 10 000 Einwohnern auch zum wirtschaftlichen und kulturellen Zentrum. Die Schulfunkstation, der Flying Doctor Service, sie erreichen selbst die einsamste Ranch.

Auch die dunkelhäutigen Ur-Australier, die Aborigines, meist Stockmen und Tracker — Viehhüter und Fährtensucher — von Beruf, treffen sich regelmäßig zum Familienklatsch in der Stadt. Man erzählt sich das Neueste, kauft ein, geht zum Arzt, sieht sich den neuesten Western im Kino an und trinkt zur Feier des Tages ziemlich viel kühles Bier.

Rassenschranken gibt es nicht, was allerdings noch lange nicht heißt, daß es den Ur-Australiern besonders glänzend geht. Der Übergang von einem freien, schweifenden Leben als Herren eines zwar armen, aber unendlich weiten Landes zur Seßhaftigkeit und Abhängigkeit von einem geregelten Arbeitstag im europäischen Sinne, klappt nicht von heute auf morgen. Dabei ist die Frage noch gar nicht beantwortet, ob unsere europäischen Maßstäbe für die zentralaustralische Wüstensteppe überhaupt die richtigen sind.

Über den Bergen der Mac Donnell Ranges, die in Schwarzwaldhöhe das Becken von Alice Springs im Norden

begrenzen, hängen Wolken, und es tröpfelt sogar auf dem Weg zum Flughafen.

»Gönnt uns den Regen«, meinte der Taxifahrer, als er die besorgten Blicke des Kamerateams sieht, »wo ihr hinfliegt, scheint ohnehin die Sonne!« Und wirklich, über den tiefen Südwesthorizont zieht ein heller Streifen.

Schon früh am Morgen herrscht auf dem Flughafen reger Betrieb. Nicht die großen Düsenmaschinen bestimmen das Bild, sondern kleine zweisitzige Buschflugzeuge, die jede Ranch erreichen, und die 4- und 6sitzigen Pipers und Cessnas der regionalen Fluggesellschaften und Taxili-

»The Alice«, die Pionierstadt im Herzen Australiens.

Bild oben Mitte: Ankunft in Sydney. Links die berühmte Hafenbrücke. Rechts die muschelförmigen Dächer der neuen Oper.

Bild ganz oben: Die ersten Uraustralier in Alice Springs

117

Abgetragene Schichtköpfe der Krichauff Ranges

Bild ganz oben: Salzseen und Salzkrusten in der Amadeussenke, südlich von Alice Springs

Straßen und Wege verlieren sich in der gewellten Ebene. Kein Haus, kein Zeichen eines Menschen. Urnatur dehnt sich, soweit das Auge reicht, wie das Meer, so weit, so frei und genauso unerbittlich. Der Tower in Alice meldet sich zum Wetterbericht: »Norden bewölkt, Süden klar!«
Die Cessna liegt auf Südwestkurs. Einen kleinen Umweg nimmt Dick in Kauf, um seinen Passagieren die Schichtköpfe einer aufgebrochenen und abgetragenen Gebirgsfalte in den Krichauff Ranges — es soll hier noch viel ungehobenes Gold geben — vorzuführen. Wie ein geologisches Modell liegt das nahezu abgetragene Gebirge im schrägen Morgenlicht: Kränze ineinandergeschachtelter, harter Schichten. Durch die Täler, die quer zu den Schichtköpfen verlaufen, sind sie in ungezählte, gleichförmige Zakken und Lappen zerlegt, in den Tälern fließt allerdings kein Tropfen Wasser mehr. Ein zweiter Faltenstumpf wird überflogen und ein flachgewelltes Dünenland mit freigeblasenen, roten Dünenrücken. Die Salzsenken in der Amadeus-Niederung leuchten mit letzten Wasserflecken und schneeweiß glitzernden Salzfeldern herauf.
Dick weist nach vorne und drückt die Maschine ein wenig. Am Südwesthorizont liegt ein großer, blauer Stein! Das ist der Ayers Rock, das Ziel der 320 Kilometer weiten Reise. Je näher die Maschine kommt, um so mehr verändert sich die Farbe des Felsens von blau nach rot. Als er endlich so groß erscheint, daß er die ganze Frontscheibe einnimmt, sieht man die parallelen Streifen, die über seinen Rücken ziehen und die steilen, fast senkrechten Wände, mit denen er aus der tischebenen Rumpffläche aufsteigt.
Die Gruben und Löcher in seinen

nien. »Big Dick« ist Pilot der SAAT-AS, ein munterer, junger Mann im Khakihemd, für den die Fliegerei offensichtlich eine ideale Mischung von Neigung und Beruf darstellt. Er geht voran zur Maschine, kontrolliert die Instrumente und startet.
Ein kurzer Blick nur zurück auf das elegante Flugplatzgebäude und die erwachende Stadt. Schon nach wenigen Minuten dehnt sich die nahezu ebene zentralaustralische Rumpffläche bis zum Horizont. Eine Weile noch ziehen Straßen wie rote Schienen durch den Busch. Die letzten

Flanken, die Eukalyptusbäume und Akazien an seinem Fuß führt Dick in einem artistischen Rundflug vor. Hinter dem langgestreckten Rücken des roten Wackersteins erheben sich im blauen Dunst der Ferne die Felskuppeln der Olgas. Im Vorbeiflug erscheinen sie noch steiler und unnahbarer als der Ayers Rock. Katajuta, das heißt so viel wie »Viele Köpfe«, nannten die Eingeborenen die Höckerreihe. Der höchste wird heute Mount Olga genannt. Er erhebt sich 1070 Meter über dem Meeresspiegel und 545 Meter über der Ebene. Damit ist er 196 Meter höher als der Ayers Rock.

Auch die Olgas verfärben sich, wenn man näher an sie herankommt. Aus dem dunstigen Blau wird leuchtendes Rot mit kleinen weißlichen Flecken. Rings um die Olgas läuft als schmales, rotes Band eine Piste, Dick folgt ihr und findet, was er sucht: einen Landrover am Westfuß der höchsten Kuppel und, jetzt sind sie deutlich zu sehen, zwei winzige Menschen auf dem rundpolierten Felshaupt. Dick beginnt zu schwärmen:

»Das sind die schönsten Kletterberge Australiens. Nichts für Haken und Seil, aber auch schon gar nichts für Spaziergänger; die Felsen sind verdammt steil und manche sind immer noch unbezwungen, zum Glück sind sie rauh wie Schmirgelpapier, und griffige Gummisohlen krallen sich regelrecht fest. Nur, Angst sollte man nicht haben, vor allem nicht, wenn es bergab geht!«

Er erklärt die Kletterroute an der Westseite des Mount Olga. Man ahnt den Baum am Einstieg, die Erosionsrinnen, die der Kletterweg geschickt ausnützt, den S-förmigen Wall, die kleinen Höhlen und kurz unter dem Gipfel einige Büsche.

Die beiden Gestalten auf dem Berg

reißen die Arme hoch und grüßen herüber. Dick wackelt mit der Maschine! Dann nimmt er Kurs auf den Ayers Rock und geht dabei noch etwas tiefer. Auf halber Höhe fliegt er der schattigen Südwand des Fel-

Bild ganz oben: Wie ein großer Wackerstein liegt der Ayers Rock in der Ebene.
Ganz ähnlich geformt, aber zerlappter und vielgestaltiger sind die Olgaberge (unten).

Die Kletterroute auf den Mt. Olga

sens entlang, schwenkt auf den kleinen Flugplatz ein, überfliegt ihn und landet. Mit einer langen Staubschleppe rollt die Cessna über den roten Grund zu den anderen Sportflugzeugen in der Platzecke. Ein Dutzend Benzinfässer, im Sicherheitsabstand aufgereiht, und eine Handpumpe garantieren im Notfall die Treibstoffversorgung. Eine Holzhütte ist Empfangsgebäude und Tower zugleich. Formalitäten: keine!

Ein Kleinbus bringt die Passagiere zum Inland Motel, einem flachen, einfachen Zweckbau mit eigener Kraftstation und Wasserversorgung. Ein guter Ausgangspunkt für alle Exkursionen in die nähere und weitere Umgebung, wenn man es nicht vorzieht, wie die meisten Australier, mit Auto und Zelt ohne festen Stützpunkt auf den Spuren der alten Entdecker die grenzenlosen Weiten des Kontinents zu durchstreifen!

Gerade 100 Jahre ist es übrigens her, daß die ersten Weißen, Giles und Gosse, ergriffen vor den roten Felskolossen in Zentralaustralien standen. Ist es ein Wunder, daß diese Männer bei der ersten Begegnung schon versuchten, die merkwürdigen Berggestalten inmitten der 16 000 Quadratkilometer großen Ebene zu begreifen? So ungewöhnlich und fremdartig erschienen sie Giles, daß er fasziniert in sein Tagebuch schrieb: »Wie gewaltige Denkmäler der Urwelt stehen sie da, seit Ewigkeiten wie am ersten Tag. Eine lange, dunkle, geheimnisvolle Zeit scheint spurlos an ihnen vorbeigegangen zu sein.« Unangreifbar, unzerstörbar, wie für die Ewigkeit geschaffen, erscheint auch heute der Ayers Rock vielen Besuchern. 350 Meter Höhe, 8 Kilometer Umfang — eine erdrückende Steinmasse für den winzigen Betrachter, der an ihrem Fuße steht. An

einem Menschenleben gemessen ist das Unzerstörbarkeit, Ewigkeit! Doch so ungeklärt und unsicher, wie manche Reiseschriftsteller meinen, ist die Entwicklungsgeschichte des Ayers Rock nun auch wieder nicht. Weder hat ihn eine Titanenfaust von einem fremden Stern geholt, noch ist er die Spitze eines steinernen Eisbergs, der aus dem Untergrund aufragt. Man braucht noch nicht einmal die ferne Urzeit der Erde zu beschwören, um seine Entstehung zu begreifen; der Ayers Rock hat Verwandte in unseren Tagen: Die Inselberge im tropischen Afrika, die Felskuppeln und Glockenberge an der brasilianischen Küste, allen voran den Zuckerhut. Damit ist natürlich die Geschichte der einsamen Felsberge im Herzen Australiens nicht geklärt. Wer mehr erkennen will, muß die Hand auf den Stein legen.

Je näher man kommt, um so deutlicher zeigt es sich, daß der Ayers Rock nicht aus einem Stück besteht, also kein Monolith, kein Einstein ist, wie ihm das der Reiseführer etwas vorschnell bescheinigt. Er besteht aus vielen senkrecht gestellten Schichten, die sich allerdings in ihrer Zusammensetzung nicht wesentlich voneinander unterscheiden. Auf den ersten Blick erinnert das Gesteinsmaterial an mehr oder weniger groben Sandstein. Wenn man aber genauer hinschaut, entdeckt man zwischen den speckig glänzenden Quarzkörnern auch weißliche Feldspatkörner. Der Geologe nennt ein solches Sand-Feldspat-Gestein Arkose. Gebildet haben sich diese Arkosen als Ablagerungen eines uralten Gebirges vor etwa 600 Millionen Jahren. Allerdings lagen damals die Schichten noch schön waagrecht übereinander, wie es sich für frisch gebildete Ablagerungsgesteine gehört. Erst viel spä-

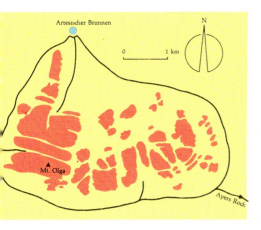

ter wurden sie von gebirgsbildenden Kräften erfaßt und dabei allmählich in große Falten gelegt. Ein kleines Stück einer Falte, in dem die Schichten an diesem Platz senkrecht gestellt waren, ist heute als Ayers Rock erhalten. Einen anderen Rest stellen die Olgaberge dar. Allerdings sind die Gerölle, aus denen ihr Gestein aufgebaut ist, viel grober. Der Geologe nennt solche »verbackenen« Gerölle ein Konglomerat. Selbst der flache Mount Conner, der aus nahezu waagrecht gelagerten Schichten aufgebaut ist — er liegt auf der direkten Linie von den Olgas über den Ayers Rock am Horizont — ist ein Rest dieses alten Gebirges. Auch den Untergrund der weiten Ebene dazwischen bilden die alten Gesteine, nur wurden sie im Laufe der langen Zeit völlig eingeebnet, ein Schicksal, dem auch die letzten Reste, die roten Felsendome, letzten Endes nicht entgehen werden.

Nicht vom Himmel gefallen, nicht aus dem Boden gestampft, sind die roten Felsen also. Sie sind noch nicht einmal härter als die Gesteine ihrer Umgebung es waren, sie sind nichts anderes als die letzten Reste auf dem großen, flachen Teller Zentralaustraliens, ein Nachtisch für die Abtragung.

Die rundlicheren Formen der Berge,

die vor allem den Besuchern aus gemäßigteren Breiten so fremdartig vorkommen, hängen vom Gestein und noch mehr vom Klima ab. Ein Klima, das zur Bildung von Glockenbergen führt, hat Zentralaustralien zur Zeit allerdings gar nicht zu bieten. Warm und feucht muß es sein, daß sich die Oberfläche einer körnigen Gesteinsmasse so zersetzt, daß sich die tellergroßen Schuppen bilden und die meterdicken Gesteinsschalen, die dann die Sturzbäche der Regenzeit losbrechen. Man könnte sich vorstellen, daß ein Berg unter solchen Bedingungen nach und nach im eigenen Schutt ertrinkt. Aber die Regengüsse und die tiefgründige Verwitterung sorgen dafür, daß die Blöcke zerfallen und verschwinden. Aus diesem Grund steigen auch die steilen Flanken des Ayers Rock so unvermittelt und frei aus der Ebene auf.

Wahrscheinlich begann die Bildung des Glockenberges schon vor etwa 10 Millionen Jahren. Später entwik-

Senkrecht gestellte Schichten bauen den Ayers Rock auf. Wind und Wetter haben sie nach ihrer Widerstandsfähigkeit präpariert.

Bild links oben: Übersichtsplan der Olgaberge

kelten sich dann die Höhlen an seinem Fuß, besonders an der Ostflanke. Tafonis nennt man solche Kleinhöhlen, die vor allem vom Granit Korsikas — daher haben sie ihren Namen — gut bekannt sind. Erst in letzter Zeit stellte man fest, daß diese seltsamen, löchrigen Verwitterungsformen offenbar damit zusammenhängen, daß Salzkristalle das Gestein unter der äußersten Kruste so sehr zermürben, daß es regelrecht

zerbröselt. Woher aber kommt das Salz? In Korsika ist es keine Frage. Soweit die Stürme die Gischt des Meeres über die Felsen wehen, bilden sich Tafonis. Zwar gibt es in Zentralaustralien kein Meer, aber es gab früher einen riesigen Binnensee. Das Salz, das heute in den Salzsümpfen und Salzseen Zentralaustraliens zusammengeschwemmt ist, war während der Tertiärzeit in diesem, palmenumstandenen See gelöst. Wahrscheinlich brandeten seine Wellen während einer längeren Zeit sogar unmittelbar gegen die Felsen. Unter der harten Gesteinsrinde ist der Ayers Rock an manchen Stellen von Tafonis wie von Ameisen oder Termiten zerfressen. Die harte Rinde blätterte ab, übrig blieben Rinnen und Löcher, die mit ihren stehengebliebenen Wülsten und Graten phantasiebegabte Leute an Gehirnstrukturen erinnern. Deshalb wird eine Stelle auch »The brain«, das Gehirn, genannt.

Besonders große Tafonis, die vielleicht durch Brandung und Sandsturm weiter ausgehöhlt wurden, liegen am Fuß der Steilwände. Sie bilden mannshohe, schräg nach unten geöffnete Halbhöhlen. Noch vor einem Menschenalter spielten sie eine große Rolle in den religiösen Vorstellungen der australischen Ureinwohner. Man kann sich sogar als flüchtiger Besucher vorstellen, wie groß die Bedeutung der aufragenden Felsen mit ihren schattenspendenden Höhlen für die Jäger der offenen Steppe war. Jahr für Jahr kamen sie zum Heiligen Fels Uluru, den der Sage nach Giganten in grauer Vorzeit formten, als es noch kein Leben und keine Berge gab. Jede Kerbe im Fels, jede Höhle hatte für die Aborigines ihre Bedeutung. Die Schlange Wanambi wohnte im Fels als Geist, der

Bild ganz unten: »The brain« nennt man diese von der Verwitterung zerfressene Stelle.

Tafonis im Ayers Rock

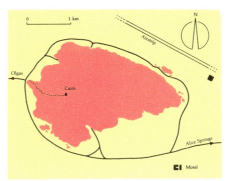

über alle Sterblichen zu Gericht sitzt. Erst später formten die Giganten den richtigen Menschen und schenkten ihm die Erde. Die Kinder Ulurus pflanzten sich fort und bildeten viele Stämme. Aber immer wieder kehrten sie, um ihre Helden zu verehren und um neue Kraft zu holen, an den Uluru zurück. Doch die Bilder an den Höhlenwänden beginnen zu verblassen, die alten Jäger kehren nicht mehr wieder. Eine neue Zeit ist angebrochen, die wenig Platz läßt für jahrtausendealte Riten.

Flugzeuge landen und starten, Autos umkreisen den Fels. Selbst Reisebusse bringen Touristen aus dem fernen Alice Springs. Am Westende des Ayers Rock parken die Wagen. Dort findet jeden Morgen zwischen 8.00 und 10.00 Uhr der große Gipfelsturm statt.

Sportlich, wie es sich für Australier gehört, nimmt man die Flanke in zügigem Angriff. Aber es dauert nicht lange, bis sich die kletterungewohnten Großstadtkinder von den trainierten Bergsteigern zu unterscheiden beginnen. Mancher hat beim ersten Anlauf übersehen, wie unheimlich steil der Fels ist und wie schroff seine Flanken zu beiden Seiten der Aufstiegsroute abfallen. Möglichst unauffällig zieht er sich dann ganz vorsichtig auf dem Hosenboden zurück. Zum Glück ist der Fels so griffig, daß man das Sitzleder schon einölen müßte, um abzurutschen.

Wer auf Händen und Füßen weiterklettert, schafft es noch ein Stück, ohne Schwindelanfall. Eine eiserne Kette, an einbetonierten Stangen verankert, bringt die Rettung. Es geht weiter. Aber oben? Immer noch die Steilwände zu beiden Seiten. Kein Baum, kein Strauch, noch nicht einmal ein Grasbüschel, an dem man sich halten könnte. Für viele ist der Aufstieg nach der ersten Kette zu Ende. Das schadet wenig, denn die Aussicht über die weite Ebene ist schon aus dieser Höhe denkbar eindrucksvoll.

Ein weiß markierter Weg führt weiter zum höchsten Punkt. Alle schwierigen Stellen sind mit Ketten gesichert. Die feinen Striemen, die schon vom Flugzeug aus zu sehen waren und von Nordwest nach Südost über den Rücken des Berges ziehen, erweisen sich aus der Nähe als bis zu 2 Meter tiefe Rinnen. Sie wurden aus den weicheren Schichten herauspräpariert. Für den frohgestimmten Gipfelstürmer eine echte Erschwerung, denn kein Hochplateau, sondern ein paralleles Wall- und Grabensystem bildet die Höhe. Manche der

Immer noch findet man die magischen Felszeichnungen der Ureinwohner in den Höhlen am Fuß des Felsenbergs.

Schematische Darstellung der Restberge Zentralaustraliens und ihrer Entstehung

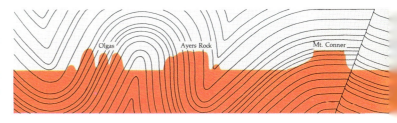

Rinnen sehen aus wie Waschbretter mit Mulden und Rippen. Am Steilhang werden aus den Mulden tiefe Strudeltöpfe. Sie erinnern an die Zeiten, als hier noch an vielen Tagen im Jahr wahre Regenbäche über die Felswände rauschten. Auch heute noch bleibt in den runden Kolken das Wasser der seltenen Regengüsse stehen. Dann kommen Raben und Milane und auch der große Keilschwanzadler zur Tränke. Auf dem höchsten Punkt des Berges, 860 Meter über dem Meer, 350 Meter über der Ebene, endet der Pfad bei einer kleinen Steinpyramide. Nur noch wenige, die zum Sturm auf den roten Riesen angesetzt haben, kommen bis hierher.

Handtellergroße, etwa zentimeterdicke Schuppen überziehen den ganzen Fels wie eine Eidechsenhaut. Sie erinnern daran, daß es hier einst noch wärmer und noch trockener war. Diese Wüstenzeit kam nach der Tafonizeit. Damals bildeten sich auch die Dünen, die bis heute das Grundmuster der Ebene liefern. Erst später hat sich wieder Pflanzennachwuchs eingestellt. Unmittelbar am etwas feuchteren Fuße des Berges wachsen Eukalyptusbäume und Akazien, von den Australiern Mulgas genannt. Büschel von Spinnifex, dem gelben Stachelgras, bilden die Nahrung für die letzten Känguruhs und Emus, die das

Revier noch bevölkern. Viel roter Boden bleibt dazwischen frei. Am Horizont ragen die blauen Olgas und in der Gegenrichtung der Mount Conner auf. Erstaunlich, wie die blaue Luft alle anderen Farben wegwischt. Dabei leuchten die Felsen so unglaublich rot! Rot ist allerdings nur ihre alleräußerste Kruste. Ein Schlag mit dem Hammer läßt sie abspringen, dann kommt die wahre, weißlichgraue Farbe der Arkose zum Vorschein. Erst in allerjüngster Zeit hat sich die rote Farbrinde aus Eisen- und Manganoxid gebildet.

Es ist Abend geworden. Auf dem staubigen Weg fahren die Autos auf die sinkende Sonne zu.

»Was wollen die Leute dort?«

»So können nur Mitteleuropäer fragen. Das ist doch selbstverständlich: Sunset!«

Ein paar Kilometer vom Ayers Rock entfernt sind die Touristen ausgeschwärmt, um den besten Standort für ihre Kameras zu entdecken. Sogar Stative werden aufgebaut und ganz sorgfältig Belichtungszeiten gemessen. Nur, Sunset heißt Sonnenuntergang, aber kein einziges Objektiv blickt in die Sonne? Der Berg ist viel interessanter. Im Licht der Abendsonne wird seine Farbe immer intensiver. Die Steppe verdunkelt sich, der Horizont verliert sein tiefes Blau, wird grünlich und fast gelb. Der Ayers Rock beginnt zu glühen! Für wenige Minuten ist feierliche Ruhe, dann klappern und rasseln die Kameras.

Die Bilder sind geschossen! Autotüren knallen! Motoren röhren! In einer dicken Staubwolke verschwindet das wilde Heer. Zurück bleibt die uralte Einsamkeit und der immer dunkler glühende Berg in dem grenzenlosen Land, das er seit Menschengedenken beherrscht.

Graue Riesenkänguruhs im Schutzpark Lane Pine und Emus bei Alice Springs

Bild links oben: Mit nahezu senkrechten Wänden erheben sich die »Olgas« aus der Wüstensteppe.

Bilder auf Seite 124: Sonnenuntergang am Ayers Rock (oben). Der flache Mt. Conner ist grün im Gegensatz zu den runden Felsbergen (unten).

Register

Bildnachweis

Umschlag: Bauer, Sinterterrassen von Pamukkale. — *Doppelseitiges Farbfoto vorne:* Schmincke, Lavastrom auf Hawaii. — *Doppelseitiges Farbfoto hinten:* Bauer, Grand Canyon. *Seite 2:* Bauer, Strokkur, Geysir (Island). — *Zeichnungen und Fotos:* 6: Bauer. 7: Zeiss (2). 8 (oben): ZEFA. 8 (unten), 9 (2): Bauer. 10 (3), 11 (oben): Bauer. 11: nach Bederke/Wunderlich »Atlas zur Geologie«. 12 (oben): Krischke. 12 (Mitte): Bauer. 12 (unten): Krischke. 12/13, 13 (unten): Fay. 14: v. Linden. 15: Krischke. 16: Bauer. 17 (oben): v. Linden. 17 (unten): Jonasson. 18/19 (3): Fay. 20: v. Linden. 21 (oben, 2): Jonasson. 21 (unten, 3): Bauer. 22: Schmincke. 23: Krischke. 24 (2): Bauer. 25 (2): Fay. 26/27 (oben): Fay. 27 (links): Bauer. 27 (rechts): ZEFA. 28, 29 (6): Schmincke. 30 (2): Schmincke. 31: Fay. 32: Bauer. 33: Krischke. 34 (oben): Krischke. 34 (unten), 35 (links, 3): Bauer. 35 (rechts): Ildefonso Aguilar de la Rúa. 36 (oben): Krischke. 36 (unten): Bauer. 37 (oben): Ildefonso Aguilar de la Rúa. 37 (unten): Bauer. 38, 39 (6): Bauer. 40 (oben links): Ildefonso Aguilar de la Rúa. 40 (unten links): Bauer. 40 (rechts), 41 (3): Bauer. 42 (oben): Krischke. 42 (Mitte): Fay. 42/43 (unten): Krischke. 43 (oben links): Bauer. 43 (oben rechts): Gensel. 43 (unten rechts): Bauer. 44: Bauer. 45: Krischke. 46, 47 (4): Bauer. 48, 49 (4): Bauer. 50 (4): Bauer. 51: Krischke. 52: Bauer. 53 (oben): Krischke. 53 (unten, 2): Bauer. 54: Krischke. 55 (3): Fay. 56: Krischke. 57: Bauer. 59 (oben): Archiv Bauer. 59 (unten): Bauer. 60: Knidlberger. 61: Bauer. 62: Bauer. 63: Krischke. 64: Bauer. 65 (oben links): Krischke. 65 (unten links): Bauer. 65 (rechts, 3): Archiv Bauer. 66, 67 (6): Bauer. 68 (oben): Bauer. 68 (unten, 2): Archiv Bauer. 68/69: Bauer. 69 (oben): Bauer. 69 (unten): Krischke. 70 (3): Bauer. 71 (oben links): Bauer. 71 (oben rechts): Krischke. 71 (unten): Bauer. 72: Bauer. 73: Krischke. 74, 75 (3): Bauer. 76 (oben): Krischke. 76 (unten, 2): Bauer. 77: Bauer. 78: Häfner. 79: Bauer. 80, 81 (2): Bauer. 82, 83 (3): Bauer. 84: Bauer. 85: Krischke. 86 (oben und unten): Archiv Bauer. 87 (3): Archiv Bauer. 88/89 (2): Bauer. 90 (oben): Fay. 90 (unten): Bauer. 91: Bauer. 92: Bauer. 93: Krischke. 94 (2): Bauer. 95 (oben): Bauer. 95 (unten): Krischke. 96 (3): Archiv Bauer. 97: Bauer. 98, 99 (3): Bauer. 100, 101 (2): Bauer. 102 (3): Fay. 103: Bauer. 104: Bauer. 105: Krischke. 106, 107 (3): Bauer. 108, 109 (6): Bauer. 110 (links): Krischke. 110/111 (2): Bauer. 112, 113 (5): Bauer. 114: Bauer. 115: Krischke. 116 (oben links): Qantas. 116, 117 (4): Bauer. 118, 119 (4): Bauer. 120, 121 (links): Krischke. 121 (rechts): Bauer. 122 (2): Bauer. 123 (oben rechts, unten): Krischke. 123 (oben links, Mitte): Bauer. 124, 125 (5): Bauer.

Literaturhinweise

Bauer, E. W., Hrsg.: Das Bild der Natur, Bd. 1 und 6, Stuttgart, 1965 und 1969 — Bederke, E., Wunderlich, H. G.: Atlas zur Geologie, Mannheim, 1968 — Bravo, T.: El volcan yel mal pais Corona, La »Cueva de los Verdes« i los »Jameos«, Arrecife, 1964 — Fuster, Santien, Sagredo: Lanzarote, Madrid, 1968 — Günther, W. W., Lunk, H.: Surtsey, Island, natürliche Erstbesiedlung der Vulkaninsel. Schriften des Naturwissenschaftlichen Vereins für Schleswig-Holstein, Kiel, 1970 — Hamlyn, P.: The voyages of Captain Cook, Sydney, 1968 — Heiniger, E. A.: Grand Canyon, Bern, München, Wien, 1971 — Herrmann, E.: Die Werkstatt Vulkan, Berlin, 1963 — Keam, R. F.: Volcanic Wonderland, Auckland, 1965 — Ketin, J.: Geologische Karte der Türkei, Beschreibung und Blatt Kayseri, Ankara, 1963 — Knidlberger, L.: Santorin, Insel zwischen Traum und Tag, München, 1965 — Krüger, Ch.: Vulkane, Wien, München, 1970 — Luce, J. V.: Atlantis, Legende und Wirklichkeit, Bergisch Gladbach, 1969 — Master Plan for Protection and Use, Pamukkale National Park, USAID/T., 1969 — Rittmann, A.: Vulkane und ihre Tätigkeit, Stuttgart, 1960 — Schmincke, H.-U.: Die Dynamik lebender Vulkane, Bild der Wissenschaft 8/3, 1971 — Schwarzbach, M.: Berühmte Stätten geologischer Forschung, Stuttgart, 1970 — Thoarinsson, S.: Surtsey, Geburt einer Vulkaninsel im Nordmeer, Zürich, Stuttgart, 1966 — Wagner, G.: Einführung in die Erd- und Landschaftsgeschichte, Öhringen, 1950 — Vormann, D. J.: Sheed SG/52-8, Ayers Rock 1 : 250 000, Geol. Ser., Canberra, 1965

Autor und Verlag bedanken sich

bei Ildefonso Aguilar de la Rúa, Nečla Babačan, Josef Göhlen, Claus Hahn, Ulrich Schmincke und Atalay Tüzin für persönliche und fachliche Beratung und Unterstützung, bei dem Australischen Flugunternehmen Qantas, dem Luft-Transportunternehmen LTU, den Olympic Airways und den Türkish Airways sowie bei der Griechischen Zentrale für Fremdenverkehr, dem Spanischen Fremdenverkehrsamt und dem Türkischen Touristenbüro. Der entscheidende Impuls kam vom Hessischen Rundfunk, aus dessen Fernsehprogramm sich der vorliegende Band entwickelte. Der Intendanz und der Fernsehdirektion sei deshalb besonders herzlicher Dank ausgesprochen.